Gianfrancesco Pico della Mirandola · Über die Vorstellung

Humanistische Bibliothek
Texte und Abhandlungen

Herausgegeben von

Ernesto Grassi
Eckhard Keßler

Redaktion

Hanna-Barbara Gerl

In Verbindung mit

Centro Italiano di Studi Umanistici e Filosofici
Center for Medieval and Renaissance Studies
of Barnard College, Columbia University
Institute for Vico Studies, New York

Reihe II · Texte
Band 13

Gianfrancesco Pico della Mirandola

Über die Vorstellung

De imaginatione

lateinisch-deutsche Ausgabe

mit einer Einleitung von
Charles B. Schmitt
Katharine Park

herausgegeben von
Eckhard Keßler

Wilhelm Fink Verlag

2. unveränderte Auflage 1986

ISBN 3-7705-1032-1
© 1984 Wilhelm Fink Verlag, München
Satz: Satzstudio Gerda Tibbe, Gauting
Druck: Weihert-Druck GmbH, Darmstadt
Buchbinderische Arbeiten: Graph. Betrieb F. Schöningh, Paderborn

INHALT

Gianfrancesco Pico della Mirandola

EINLEITUNG

1. GIANFRANCESCO PICO. LEBEN UND WERK

Charles B. Schmitt

Gianfrancesco Pico della Mirandola wurde 1469[1] als Sohn von Galeotto I. Pico und Bianca Maria d'Este geboren. Sein Vater war der Bruder des berühmten Giovanni Pico (1463–1493), seine Mutter die uneheliche Tochter von Nicolò III. d'Este. Wir wissen buchstäblich nichts über seine Jugend, man kann jedoch annehmen, daß er wenigstens einen Teil seiner Erziehung am Hofe von Ferrara, einem der glänzendsten und intellektuell wie kulturell fortgeschrittensten des späten Quattrocento in Italien, erhielt. Aus seinen Schriften geht deutlich hervor, daß er eine hervorragende Ausbildung in den humanistischen Studien besaß, die auf der ausführlichen Lektüre des literarischen Erbes der klassischen Antike fußte. Im März 1491 heiratete er Giovanna Carafa von Neapel und verband sich dadurch mit einer anderen wichtigen und mächtigen italienischen Familie, aus der später ein Papst und viele andere, auf den verschiedensten Gebieten hervorragende Männer hervorgingen.

Wir wissen nicht, ob während der Lehrjahre die Beziehung zwischen Gianfrancesco und seinem Onkel eng war, wir wissen jedoch, daß der Neffe seinen älteren Verwandten bewunderte und von diesem sehr beeinflußt wurde, mochte er sich auch später von Giovannis programmatischem Versuch, alles Wissen in ein einziges System zu vereinen, abwenden. Obwohl Gianfrancesco nur sechs Jahre jünger war als sein Onkel, brachte er ihm nichtsdestoweniger die Liebe und den Respekt eines Sohnes entgegen. Nach dessen frühem Tode im Jahre 1494 schrieb er eine von Bewunderung inspirierte Biographie seines Onkels, die schon bald von keinem geringeren als Thomas Morus ins Englische übersetzt wurde. Die Biographie diente als Vorrede zu den gesammelten Werken Giovannis, die erstmals von Gianfrancesco zusammengetragen und im Jahre 1496 in Bologna veröffentlicht wurden. Zur gleichen Zeit verdiente Gianfrancesco sich die Sporen als Humanist und Philosoph, indem er verschiedene eigene Werke veröffentlichte, unter anderem *De morte Christi* und *De studio divinae et humanae philosophiae*, die im Jahre 1497 in Bologna erschienen.

Wie sein Onkel erlag auch Gianfrancesco dem Zauber von Girolamo Savona-

---

1 Für eine ausführliche Beschreibung von Picos Leben und Werken vgl. C.B. Schmitt, *Gianfrancesco Pico della Mirandola (1469–1533) and His Critique of Aristotle* (The Hague, 1967), und für spezifische Fragen, die unten angeführte, ergänzende Bibliographie. Für weitere Informationen zu *De imaginatione* vgl. die Ausgabe von Caplan.

rola (1452—1498), den er, wie er selbst berichtet, erstmals im Jahre 1492 traf, zu der Zeit also, als der Dominikaner zu jener Berühmtheit aufstieg, die ein so unheilvolles Ende finden sollte. Die anziehende, ja bannende Persönlichkeit Savonarolas hatte jedoch einen viel größeren geistigen Einfluß auf den jüngeren als auf den älteren Pico. Gianfrancesco schrieb nicht nur eine der zeitgenössischen Biographien des Mönchs aus Ferrara, die er bis 1530 etliche Male überarbeitete und erweiterte, und er widmete ihm nicht nur *De morte Christi*, sondern er schrieb auch noch eine ganze Anzahl anderer Werke, die Savonarola und seine Sache verteidigten. Nicht alle Werke Picos über Savonarola wurden zu seinen Lebzeiten veröffentlicht, im Gegenteil, die *Vita Hieronymi Savonarolae* wurde erst 1674 gedruckt, und etliche lateinische Gedichte über Savonarola, die in verschiedenen Manuskripten überliefert wurden, sind bis heute noch nicht im Druck erschienen.

Savonarolas Einfluß kann in den meisten späteren Werken Picos nachgewiesen werden, die sich beinahe alle durch einen starken Anti-Intellektualismus zusammen mit einer entschieden ›pietistischen‹ Haltung auszeichnen. Selbst nach Savonarolas Tode verteidigte Gianfrancesco weiterhin die Anhänger des prophetischen Mönches und gewährte ihnen jegliche Hilfe. Die *Vita* wurde mehrmals ins Italienische übersetzt und fand als Manuskript in ganz Europa große Verbreitung, besonders in den Klöstern der Domenikaner.

Während seines eher unruhigen Lebens fand Pico immerhin Zeit, mehr als sechzig Werke zu schreiben, von denen einige sehr umfangreich sind, und dies, obwohl nach 1499 seine Zeit großteils von einer Unmenge politischer Geschäfte in Anspruch genommen wurde, die ihm die Nachfolge als Fürst von Mirandola beschert hatte. Wir wollen hier nicht die wechselvolle Geschichte seines Versuchs, die Herrschaft über sein Hoheitsgebiet gegen die Ansprüche seiner Brüder aufrechtzuerhalten, im Einzelnen beschreiben. Es soll nur erwähnt werden, daß Gianfrancesco bis zu seinem Tode im Jahre 1533 beinahe ständig in Kämpfe und Intrigen gegen seine Verwandten verstrickt war. So wurde er zweimal aus Mirandola vertrieben, ehe eine gerechte Vereinbarung geschlossen werden konnte. Diese führte zur Aufteilung des Hoheitsgebietes unter die verschiedenen Parteien, was jedoch nicht das Ende der Auseinandersetzungen bedeutete. Der Verlauf all dieser Ereignisse — Kampf, Verrat, Mord und Intrige jeder Art — ist genauso dramatisch und atemberaubend wie alles, was man unter dem Titel *The Age of the Despots* in Symonds Buch[2] nachlesen kann, und erinnert manchmal eher an ein Drehbuch zu einem Hollywood-Film als an das Leben eines Philosophen. Pico selbst wurde, so will es die Überlieferung, mit einem Kruzifix in der Hand, zusammen mit seinem Sohn Alberto von seinem eigenen Neffen am 16. Okto-

---

[2] Vgl. John Addington Symonds, *The Renaissance in Italy*, Neuauflage (London, 1898—1901), den Band mit dem Titel ›*The Age of the Despots*‹.

ber 1533 ermordet, als vierzig Mann das Schloß von Mirandola stürmten und seinem etwas traurigen, wenn auch aufregenden Leben ein Ende setzten.

Picos Leben war eine seltsame Mischung aus persönlichen Aufregungen, die von den eigentümlichen Problemen seiner privaten und politischen Geschäfte herrührten, und echtem Engagement für die intellektuelle Welt der Renaissance. Seine literarischen und philosophischen Interessen verraten eine eher befremdende Dichotomie oder sogar Widersprüchlichkeit. In der Lehre seiner reiferen Jahre, die schon in einigen seiner frühen Schriften vorgezeichnet ist, gibt es für die weltlichen Studien keinen Platz. Die griechischen intellektuellen Werte, besonders die peripatetische Wissenschaft und Philosophie, spielen für ihn im Leben eines Christen nur eine kleine Rolle. Anstatt dem *homo viator* auf dem Heilsweg behilflich zu sein, stellen die aristotelischen Schriften nur ein Hindernis dar, da sie an die Stelle der reinen und zweifelsfreien Gewißheit der Heiligen Schriften nur ein Pseudowissen stellen können. Ein großer Teil der geistigen Energie Gianfrancescos verbrauchte sich in dem Versuch, die Mängel der griechischen Wissenschaft und Philosophie zu beweisen — eine Aufgabe, die er mit großer Sorgfalt und offenbar auch großem Vergnügen ausführte. Um aber die Grundlage der aristotelischen Wissenschaft zertrümmern zu können, wurde er, paradoxer Weise, ein hervorragender Gelehrter dessen, was er für so unwichtig und wertlos hielt. Er war nicht nur sehr belesen, wie es seiner Erziehung und seiner vornehmen Herkunft entsprach — er konnte gegenüber der Weite und Tiefe der Gelehrsamkeit seines Onkels durchaus bestehen —, sondern er erschloß auch neue, bisher unbekannte Quellen. In großem Umfang stützte er sich auf Sextus Empiricus, Johannes Philoponos und den mittelalterlichen jüdischen Gelehrten Hasdai Crescas, und fügte damit seiner intellektuellen Persönlichkeit weitere Dimensionen hinzu. Seine endgültige Haltung, die eines christlichen Skeptikers oder Fideisten, die im *Examen vanitatis* im Zusammenhang vorgetragen wird, zeigt gewisse Parallelen zu Tertullian und Laktanz und auch zu seinen Nachfolgern Ramus, Montaigne und Pascal.

Es war weitgehend der Versuch, für die endgültige Lösung seiner politischen Probleme auswärtige Hilfe zu erlangen, der Gianfrancesco zu zahlreichen Reisen veranlaßte, in deren Verlauf er sich mit einigen der hervorragendsten Persönlichkeiten der politischen und literarischen Welt diesseits und jenseits der Alpen befreundete. Dies begünstigte auch die weite Verbreitung seiner Werke; neben den Ausgaben seiner einzelnen Werke, die verschiedene italienische Druckereien herausgaben, wurden seine Schriften noch zu seinen Lebzeiten in Basel, London, Ingolstadt, Leipzig, Tübingen, Wittenberg, Wien, Paris, Hagenau, Lyon und vor allem Straßburg, wo er einen großen Freundeskreis hatte, veröffentlicht.

Er verbrachte nicht nur einige Jahre in Rom, sondern reiste auch einige Male ins Ausland, so nach Innsbruck, wo er den Kaiser aufsuchte, nach Augsburg, wo er einige Freunde besuchte und in mehrere Zentren der humanistischen Kultur im Elsaß. Durch die Vermittlung seines Onkels eröffneten sich ihm zahlreiche

freundschaftliche Beziehungen, so z.B. zu Angelo Poliziano und Marsilio Ficino. In seinem Nachlaß befindet sich ein wenig beachteter Brief an den Dichter Ariost.

Seine Beziehung zu Pietro Bembo (1470—1547) entwickelte sich während seines Romaufenthaltes (1511—12) und fand ihren Niederschlag in der Auseinandersetzung über die Nachahmung klassischer Autoren. Die veröffentlichte Fassung dieser Auseinandersetzung erschien unter dem Titel *De imitatione libellus* (Erstausgabe Basel 1518) und fand ein großes Echo bei Erasmus und anderen späteren Autoren, die sich mit dem Thema beschäftigten.[3]

Zu seinen vielen Freunden in Nordeuropa zählten Beatus Rhenanus, Conrad Celtis, Albrecht Dürer, Jacques Lefèvre d'Etaples, Conrad Peutinger, Willibald Pirckheimer und Johannes Reuchlin. Er widmete einzelne seiner Werke nicht weniger als vier Päpsten (Julius II., Leo X., Clemens VII. und Paul IV.), dem Kaiser Maximilian und anderen großen politischen Persönlichkeiten, so Ercole d'Este und Alberto Pio.

Obwohl die Unglücksfälle seiner politischen Karriere viel Zeit und Energie beanspruchten, war Pico in der Lage, bis zu seinem Tode ständig Werke über verschiedene Themen zu veröffentlichen, und er hinterließ eine Anzahl unveröffentlichter Schriften, von denen bis zum heutigen Tage nur einige allgemein zugänglich wurden.[4]

Neben der ansehnlichen Zahl lateinischer Gedichte von vorwiegend religiösem Charakter schrieb er auch theologische und religiöse Prosawerke, von denen das interessanteste vielleicht die *De reformandis moribus oratio* ist, die an die Versammlung des 5. Laterankonzils von 1514 gerichtet war und das aktuelle und drängende Problem der Kirchenreform zum Inhalt hatte.[5] Obwohl seine beißen-

---

[3] Neben der Literatur, die in Schmitt, *Gianfranceso Pico* angeführt wird, siehe auch A. Pomelio, Una fonte italiana del *Ciceronianus* di Erasmo, *Giornale italiano di filologia* 8 (1955), 193—207; Werner Raith, *Die Macht des Bildes* (München, 1967), 67—80; und Erasmus, *Il Ciceroniano o dello stile migliore*, ed. A. Gambaro (Brescia, 1965), vor allem XXXV—XLIX.

[4] Für einen Überblick über unveröffentlichte und veröffentlichte Werke, siehe Schmitt, *Gianfranceso Pico*, 183—226. Eine wichtige Verbesserung meiner Datierung gewisser Werke ist enthalten in W. Cavini, »Un inedito di Giovan Francesco Pico della Mirandola: *La questio de falsitate atrologiae*«, *Rinascimento* seconda serie, 13 (1973), 133—71, das auch einen bis dahin unveröffentlichten Text enthält. Wichtige neue Bemerkungen zur Echtheitsfrage des *De auro*, das Pico zugeschrieben wird, sind enthalten in F. Secret, »Gianfrancesco Pico della Mirandola,Lilio Gregorio Giraldi e l'alchimie«, *Bibliothèque d'Humanisme et Renaissance* 38 (1976), 93—108.

[5] Seit der Veröffentlichung meines Buches wurde auf diesem Gebiet wichtige Forschung geleistet. Siehe F. Gilbert, »Christianesimo, umanesimo et la bolla ›apostolici regiminis‹«, *Rivista storica italiana* 79 (1967), 976—90; N.H. Minnich, »Concepts of Reform Proposed at the Fifth Lateran Council«, *Archivium historiae pontificiae* 7 (1969), 163—251; und C.B. Schmitt, »Gianfranceso Pico della Mirandola and the Fifth Lateran Council«, *Archiv für Reformationsgeschichte* 61 (1970), 161—78.

de Kritik der klerikalen Moral und kirchlichen Korruption ohne Wirkung blieb, ist sein Werk noch heute ein hervorragendes Zeugnis für die Situation am Vorabend der lutherischen Revolte. Es wurde von den Protestanten der nächsten Jahrhunderte gelesen und benutzt und sowohl in Deutschland als auch in England neu aufgelegt.

Picos bedeutendste Werke liegen jedoch auf dem Gebiet der Philosophie. Das erste ist die 1495 verfaßte *Defensio de ente et uno*, mit der er die Polemik seines Onkels mit Antonio Cittadini aus Faenza über das im Titel genannte metaphysische Problem fortsetzte. Weitreichender und unbestreitbar ein Produkt seiner eigenen philosophischen Reife ist *De studio divinae et humanae philosophiae*. In diesem Werk äußerte er erstmals einige seiner radikalen Argumente gegen die griechische philosophische Tradition, vor allem dagegen, daß sie von der mittelalterlichen Scholastik aufgenommen und zum Kern des philosophischen und theologischen Lebens der christlichen Kirche erhoben worden war. Es folgte *De imaginatione* im Jahre 1501, ein kurzes Werk, das den positiven Aspekten der philosophischen Studien aufgeschlossener gegenübersteht als die später folgenden. Tatsächlich sieht von allen erhaltenen Schriften nur *De imaginatione* die traditionelle Philosophie in einem mehr oder weniger günstigen Licht, und sie ist die einzige, die der Entwicklung und Klärung eines traditionellen philosophischen Problems gewidmet ist. Zu seinen späteren Werken gehören *De rerum praenotione* (Erstausgabe 1506), ein ausführlicher Angriff gegen verschiedene Formen der Prophetie, der die von seinem Onkel in *Adversus astrologiam* und *De providentia Dei contra philosophastros* (Erstausgabe 1508) begonnene Polemik fortzusetzen scheint und ein weiteres polemisches Werk gegen die griechische Philosophie ist. Picos wichtigstes Werk ist jedoch ohne Zweifel das *Examen vanitatis doctrinae gentium* (Erstausgabe 1520), wiederum ein detaillierter und ausführlicher Angriff gegen die Philosophie im Namen des Christentums.

Alles in allem ist Picos Leistung nicht ohne Bedeutung. Seine Werke wurden jedoch von der modernen Renaissanceforschung nicht so häufig und eingehend gelesen und studiert wie man aufgrund der Tatsache, daß sie eindeutig eine der wichtigsten Tendenzen des Denkens der italienischen Renaissance darstellen, erwarten könnte. Abgesehen davon ist ein Werk wie das *Examen vanitatis* bei weitem bedeutender als andere häufiger gelesene Schriften, und zwar gleichermaßen wegen der großen Gelehrsamkeit, von der es getragen ist, wie wegen einiger Tendenzen, die man in ihm findet. Manche von diesen sind deshalb so wichtig, weil sie die Entwicklung des Denkens im späten 16. und 17. Jahrhundert vorzeichnen, so Picos klarsichtige Kritik der aristotelischen Wissenschaft und seine frühe Benutzung skeptischer Argumente, die zum großen Teil seiner Lektüre des Sextus Empiricus zu verdanken sind. Damit nimmt er die zerstörerische Kritik der traditionellen philosophischen Argumentation vorweg, die man in den Werken von Ramus, Telesius, Patrizi, Bruno, Galilei und Gassendi findet. Obwohl man die Linie von Pico zu diesen Männern nur andeutungsweise ziehen

kann, sind ihre Argumente gegen die traditionelle aristotelische Logik und Wissenschaft schon auf den Seiten des *Examen vanitatis* in nuce vorhanden. Gianfrancesco Pico ist weitgehend den Studien und der Gelehrsamkeit der Renaissance zuzurechnen, die allgemein als Humanismus bezeichnet werden. Er gehört zu jenen, die ihr Wissen in den Dienst des Christentums stellen. Dies verbindet ihn mit Petrarca, Erasmus und Morus. Dabei benützte er eine Anzahl unbekannter, aber argumentativ gewichtiger klassischer und mittelalterlicher Werke mit dem Ziel, die traditionelle griechische Bildung zu zerstören. Er war der erste Gelehrte der Renaissance, der von zwei griechischen Werken, die zu seinen Lebzeiten noch nicht gedruckt waren und im späteren 16. Jahrhundert großen Einfluß ausüben sollten, in größerem Umfang Gebrauch machte. Beide, das Werk des Sextus Empiricus und der Physikkommentar des Johannes Philoponos, des alexandrinischen Christen aus dem 6. Jahrhundert, sollten eine bedeutende Rolle beim Zusammenbruch der mittelalterlichen, auf Aristoteles gegründeten Synthese von Wissenschaft und Philosophie im Ausgang der Renaissance spielen.[6] Obwohl er nicht der erste nachklassische westliche Europäer war, der diese Schriften kannte, scheint er doch zweifelsohne der erste gewesen zu sein, der erkannte, daß sie als Waffen gegen die aristotelische Philosophie und Wissenschaft eingesetzt werden konnten. In seinem Gebrauch von Sextus Empiricus kann man den Wegbereiter für den eleganten französischen Essai eines Montaigne sehen, für Gassendis Zerstörung der traditionellen Wissenschaft und für Pascals

---

[6] Es konnte bis jetzt noch nicht nachgewiesen werden, wie er an diese Werke gelangte. Es wäre besonders wichtig, noch mehr über seine Entdeckung des Sextus Empiricus zu erfahren. Vielleicht kam diese Quelle durch Savonarola und seinen Kreis zu ihm; ein Gesichtspunkt, der kürzlich von D.P. Walker, *The Ancient Theology* (London, 1972) 59—62 diskutiert wurde. Im florentinischen Kloster von San Marco befand sich zu Savonarolas Zeiten eine Kopie von Sextus Empiricus *(Outlines of Pyrrhonism)*, und es kann sein, daß Pico Zugang hatte zu dieser Kopie. Siehe B.L. Ullmann & P.A. Stadter, *The Public Library of Renaissance Florence: Niccolò Niccoli, Cosimo de' Medici and the Library of San Marco* (Padua, 1972), 257 (1142). Es gab jedoch auch eine gewisse Anzahl von Kopien der Schriften von Sextus Empiricus, die im 15. Jahrhundert in Italien verbreitet waren. Siehe Schmitt, »The Recovery of Ancient Skepticism in Modern Times«, in *The Skeptical Tradition,* ed. M. Burnyeat (Berkeley, 1983), 225—251 und »An unstudied Fifteenth-Century Latin Translation of Sextus Empiricus by Giovanni Lorenzi (Vat. lat. 2290)«, in *Cultural Aspects of the Italian Renaissance. Essays in Honour of Paul Oskar Kristeller* (Manchester, 1976), 244—261. Ms. vat. gr. 2139 war eindeutig für Gianfrancesco Pico bestimmt. Wäre es nicht auch möglich, daß er ein Sextus Ms. für sich schreiben ließ, das bei seinem Tode zerstört wurde, als alle seine Bücher und Papiere verbrannt wurden? Auf dem Deckblatt von Vat. gr. 2139 lesen wir »Liber hic Evangeliorum Jo. Francisci Pico mire est excriptus eius impensis a Demetrio Moscho Lacone, Anno a Christi nativitate 1499«. Cf. M. Vogel & V. Gardthausen, *Die griechischen Schreiber des Mittelalters und der Renaissance* (Leipzig, 1909; Reprint, Hildesheim, 1966), 104. Bis jetzt wurden keine Kopien von Sextus oder Philoponus gefunden, die auf Pico zurückzuführen wären. Cavini (Anm. 4) erforscht das Wissen um Sextus in Savonarolas Kreis.

perplexen Zweifel, ob Gewißheit je unabhängig von Offenbarung erreicht werden könne. Er stieß offenbar erst einige Jahre nach Abschluß von *De imaginatione* auf Sextus, denn er nimmt hier noch nicht die skeptische Position ein, die so charakteristisch für das *Examen vanitatis* ist. In der Erörterung der sinnlichen Wahrnehmung z.B. verwirft er diese noch nicht völlig als Quelle zuverlässigen Wissens, wie er es später im *Examen vanitatis* tun wird. Auch seine Benutzung von Philoponos' Kritik der aristotelischen Physik kann als wichtiger Schritt zur Überwindung einiger peripatetischer Lehren angesehen werden, die den Wendepunkt von der mittelalterlichen zur modernen Wissenschaft kennzeichnet.

Gianfrancescos Onkel Giovanni ist heute allen Studenten der Renaissance als einer der interessantesten und charakteristischsten Denker jener Epoche bekannt.[7] Sein Programm, alles Wissen in einem kohärenten System zu vereinen, das er in der *Oratio* andeutet, aber nicht zuende führt, wird oft als typisches Beispiel für den der Renaissance eigenen Wissensdurst und ihren Drang zur Erweiterung des geistigen Horizonts angeführt. Als er sich dem Alter von dreißig Jahren näherte, geriet Giovanni mehr und mehr unter den Einfluß von Savonarola und wandte sich von seinen früheren Zielen ab. In einem bekannten Brief an Gianfrancesco vom 15. Mai 1492 warnte er seinen Neffen vor Verführungen wie dem *fallax mundus,* die den Menschen vom Heilswege abbrächten.[8] Tatsächlich bewegte sich die Entwicklung von Gianfrancescos eigener Philosophie nach dem Tode seines Onkels zunehmend in die Richtung einiger zentraler Dogmen des prophetischen und apokalyptischen Savonarola. Bewußt und planvoll entfernte er sich schon in *De studio divinae et humanae philosophiae* von der optimistischen Vision der *Oratio* seines Onkels, und obwohl er seiner noch mit Respekt und Verehrung gedachte, setzte er sich jedoch selbst andere Ziele: ›Mihi autem venit in mentem consentaneum magis esse et utile incerta reddere philosophorum dogmata, quam conciliare, ut patruus (d.h. Giovanni Pico) volebat‹.[9] In *De studio* und den darauffolgenden Werken — außer vielleicht, wie gesagt, in *De imaginatione* — wird der Philosophie und dem ganzen heidnischen Wissen eine höchstens begrenzte Bedeutung zugesprochen. Es kann auf keinen Fall zur ewigen

---

[7] Aus der zahlreichen Literatur über ihn, siehe vor allem E. Garin, *Giovanni Picó della Mirandola: vita e dottrina* (Firenze, 1937); *L'opera e il pensiero di Giovanni Pico della Mirandola nella storia dell'umanesimo* (Mirandola 15—18 settembre 1963) (Firenze, 1965), 2 Bde. mit vielen wichtigen Beiträgen; E. Monnerjahn, *Giovanni Pico della Mirandola: Ein Beitrag zur philosophischen Theologie des italienischen Humanismus* (Wiesbaden, 1960); G. di Napoli, *Giovanni Pico della Mirandola e la problematica dottrinale del suo tempo* (Roma, 1965); und H. de Lubac, *Pic de la Mirandole: étude et discussions* (Paris, 1974), u.a.m.

[8] *Ioannis Francisci Pici Mirandulae ... opera quae extant omnia ...* (Basilae, 1601), S. 817—9, hier S. 817 (diese Ausgabe wird im Folgenden als *Opera* zitiert). Eine zugängliche Ausgabe dieses Briefes kann in *Prosatori latini del Quattrocento,* ed. E. Garin (Milano, 1952), S. 834—33, hier S. 824, gefunden werden.

[9] *Opera,* S. 468.

Wahrheit führen, die das Ziel des christlichen Suchens ist. Dennoch wird der aristotelischen Philosophie — besonders in *De imaginatione* — ein ganz bestimmter positiver Wert zugesprochen, und Pico war ohne Zweifel der Meinung, daß sein kleines Buch eine nützliche didaktische Funktion erfüllen könne. Wie es diesen Zweck erfüllt und wo es sich in die allgemeinen Literatur über die Vorstellungskraft einreiht, soll weiter unten ausführlicher besprochen werden.

Picos wichtigstes Werk ist, wie schon gesagt wurde, das *Examen vanitatis*, welches, vielleicht schon kurz nach 1500 verfaßt, jedoch erst 1520 gedruckt wurde. In diesem Werk führt Pico die Kritik des traditionellen philosophischen Wissens, die in *De studio* einsetzt, bis zu den äußersten Grenzen. Er wandte Savonarolas Kritik auf einige konkrete Situationen an und argumentierte mit den Philosophen in ihrer eigenen Terminologie; obwohl er sich dabei selbst klarer und zwingender Argumente bediente, hatte er zu dieser Zeit für die Philosophen, besonders wenn sie vorgaben, Christen zu sein, nicht mehr als Verachtung übrig. Er konnte sich damals bereits der mächtigen antiphilosophischen Waffen bedienen, die in den Schriften des Sextus Empiricus reichlich enthalten sind. Mit den Argumenten der klassischen Skeptiker in den Händen machte er sich auf, die aristotelische Philosophie im Namen des Christentums zu zerstören. Laut Pico war die Hochachtung, die Aristoteles entgegengebracht wurde, in seinem eigenen Jahrhundert größer als je zuvor, und dies habe die Christen dazu verleitet, der Gültigkeit der philosophischen Lehren des Stagiriten unangemessen zu vertrauen. Er wollte diesen Lehren keine Wahrheit beimessen und kritisierte in seinem weitreichenden Programm Aristoteles unter beinahe allen vorstellbaren Aspekten:

> ›Quapropter ubi docuerimus non tantae prioribus saeculis fuisse quantae nunc est aestimationis Aristotelem, subinde aperiemus incertos esse ipsius libros, qui maximo habeantur in precio, hoc est, non constare adhuc, an ullum habeamus librum ab eo compositum. Quod et si concedatur, non liquere tamen aliquid esse eis in libris quod illi possit extra controversiam attribui. Inde ad doctrinam ipsam etiamsi eius sit et habeatur legitima, non supposititia et notha, infirmandum sumus progressuri, auctoritate sectatorum, scribendi modo, bello expositorum perpetuo, Christianorum Theologorum magni nominis iudicio, errorum pernicie, sensus fallacia, eius demum ipsius testimonio.‹[10]

Dies ist keine leere Drohung: Pico nähert sich den Schriften des Aristoteles von vielen Gesichtspunkten aus, vom streng philologischen bis zum subtil logischen, und er lockert dabei jeglichen Sprung und riß im Gebäude der aristotelischen Wissenschaft, bis er den Eindruck hat, daß es ein für alle Male zusammenbrechen muß. Der wirkliche Kern seiner Kritik entstammt jedoch dem mächtigen Gebrauch der skeptischen Tropen, die von Sextus Empiricus aus den Schriften

---

[10] *Opera*, S. 663.

der Skeptiker von Pyrrho an zusammengestellt worden waren. Diese Tropen stellen, so wie sie Pico benutzt, die Grundlage der aristotelischen Wissenschaft in Frage. Es liegt ihm daran, zu beweisen, daß hinter der ganzen Fassade der aristotelischen Wissenschaft nichts als eine verdorbene Unterstruktur liegt, die sich auf den Treibsand der sinnlichen Erkenntnis gründet. Anschließend zerstört er, durch systematische Anwendung der skeptischen Methode, jeglichen Anspruch auf Gewißheit, den ein Wissen, das aus der Sinneswahrnehmung abgeleitet wird, erheben könnte. Es war sein Ziel, die Plausibilität der aristotelischen Wissenschaft solange zu schwächen, bis den Lesern nichts anderes übrig blieb, als ihr Vertrauen in das Christentum zu setzen. Es ist schwer zu ermessen, wie erfolgreich sein Werk war, auf jeden Fall löste es keine größeren intellektuellen Krisen aus. Es erschien vielleicht vor der Zeit und bevor die Welt die neuen, daraus abzuleitenden Schlüsse annehmen konnte. Sicher ist jedoch, daß es einen verspäteten Einfluß auf einen Denker wie Gassendi, ein Jahrhundert nach seiner Veröffentlichung, hatte, und daß einige der darin enthaltenen Ideen eindeutig zu der skeptischen Krise des frühen modernen Denkens von Montaigne bis Hume beitrugen.

Wenn das *Examen vanitatis* Picos ›Werk der Reife‹ ist und einen in mancher Hinsicht originellen Ansatz in der Behandlung des Problems menschlichen Wissens darstellt, so ist *De imaginatione* weniger anspruchsvoll. Es ist ein kurzes und weniger gewagtes Werk, das jedoch in vieler Hinsicht für die Philosophie seiner Zeit repräsentativ ist. Es fügt sich ein in den Rahmen der traditionellen Erörterungen dieses Themas, die sowohl mittelalterliche als auch Renaissance-Ideen in sich vereinen, und die hervorheben, daß die Vorstellungskraft, obwohl sie Irrtümer zuläßt, dennoch eine wichtige Funktion für die allgemeinen psychologischen und epistemologischen Prozesse des Menschen hat. Durch sein recht differenziertes historisches Verständnis und seine Kenntnis vieler griechischer Originaltexte war Pico in der Lage, mittelalterliche Theorien weiterzuentwickeln und zu verwandeln. Gleichzeitig führt er jedoch keine wirklich neuen Elemente in die Diskussion ein. Daher sollte *De imaginatione* mit einem gewissen Sinn für historische Zusammenhänge gelesen werden. Wie so viele andere Aspekte der Renaissance-Philosophie wurde auch die Frage der Vorstellungskraft durch die Versuche postromantischer Kunst- und Literaturhistoriker, ihr eine anachronistische und unangemessene Struktur aufzudrücken, verzerrt. So sehr die ›künstlerische Vorstellungskraft‹ Teil unseres modernen Denkens ist, müssen wir doch daran festhalten, daß *imaginatio* eine völlig verschiedene Bedeutung für Erasmus, Leonardo da Vinci, Michelangelo, Ariost, Bembo und Luther hatte, die alle zur Zeit der Erstausgabe von *De imaginatione* lebten.[11] Aus diesem Grunde ist

---

11 Der Kontext der kunsthistorischen Forschung dürfte daher häufig zu eng sein. Siehe z.B. M. Kemp, »From ›Mimesis‹ to ›Fantasia‹. The Quattrocento vocabulary of Creation, Inspiration and Genius in the Visual Arts«, *Viator* 8 (1977), 347—98. Phan-

dieses Werk eine nützliche Lektüre für alle, die einen Einblick in das Nebeneinander von Elementen der Tradition und der Innovation im philosophischen Denken der Renaissance gewinnen wollen.

2. PICOS *DE IMAGINATIONE* IN DER GESCHICHTE DER PHILOSOPHIE

Katharine Park

Gianfrancesco Picos Schrift *De imaginatione* gebührt ein hervorragender Platz in der abendländischen Tradition philosophischer Schriften über die Vorstellungskraft. Als erste gedruckte Monographie über dieses Thema nimmt sie endgültig Abschied von vielen Problemen und Aspekten, die den mittelalterlichen Untersuchungen wichtig waren und bekundet ein neues Interesse für das Vorstellungsvermögen, das bis in die Spätzeit der Renaissance noch wachsen sollte.[1] Zugleich steht Picos Werk in der Tradition medizinischer und philosophischer Theorien über die Vorstellung, die letztlich aus der griechischen Antike stammen. Weder die originellen noch die traditionellen Elemente von *De imaginatione* können ohne die Kenntnis der Überlieferungsgeschichte der Texte und Ideen, aus denen sie hervorgingen, gewürdigt werden.[2]

Klassische Theorien der Vorstellung

Die Bedeutung der *phantasia*, des griechischen Äquivalents für die lateinische *imaginatio*, war in der griechischen Philosophie ein zentrales Thema jeder Untersuchung über die Wahrnehmung. Die verschiedenen Schulen entwickelten unterschiedliche Theorien, und nicht alle sollten auf spätere Denker den glei-

---

tasie nur im Rahmen eines relativ willkürlich definierten Begriffes der »bildenden Künste« zu betrachten, ist ein viel zu enger Ansatz.

[1] Das Jahrhundert nach Pico produzierte eine Anzahl medizinischer und philosophischer Abhandlungen über die Vorstellung, einschließlich Paracelsus, *De virtute imaginativa*, Thomas Fienus, *De viribus imaginationis*, und Hieronymus Nymannus, *Oratio de imaginatione*.

[2] Die beiden bedeutendsten historischen Untersuchungen über die Idee der Vorstellung sind Luigi Ambrosi, *La psicologia della immaginazione nella storia della filosofia* (Roma, 1898) und Murray Wright Bundy, *Theories of Imagination in Classical and Medieval Thought* (Urbana, III., 1927). Für weitere Hinweise siehe die Bibliographie.

chen Einfluß ausüben. Für Pico und die lateinische Tradition im Allgemeinen gab es drei Hauptströmungen griechischen Denkens und Schreibens, die einzeln oder miteinander kombiniert als Quelle für ihre eigenen Theorien in Betracht kamen. Es handelt sich um die aristotelische, die galenische und die neuplatonische Strömung.

Die aristotelische Theorie war mit Sicherheit die wichtigste, und einer der Gründe für die reiche Literatur über die Vorstellungskraft ist sicherlich die Ambiguität und Komplexität von Aristoteles' eigener Darstellung des Problems. Aristoteles interessierte sich für die *phantasia* vor allem, insofern sie eine Funktion oder ein Produkt desjenigen Seelenteils war, der mit der Wahrnehmung und ihrer Beziehung zum Denken zu tun hat. Er behandelte sie in *De anima* III unter psychologischem Gesichtspunkt; ergänzende Bemerkungen finden sich in den kürzeren Abhandlungen der *Parva naturalia*, die sich mit der dazugehörigen Physiologie beschäftigen.[3]

Nachdem Aristoteles die Seele am Anfang des zweiten Buches von *De anima* definiert hat, zählt er ihre Grundtätigkeiten auf, die Ernährung, Wahrnehmung, Erkenntnis und Bewegung sind, und fährt dann fort mit der Behandlung dieser einzelnen ›Teile‹.[4] Im Abschnitt über die Wahrnehmung analysiert er die fünf Sinne und fügt hinzu, daß es noch eine Funktion gebe, die Gemeinsinn heiße, die die sinnlichen Daten vereine und vergleiche und die für die Wahrnehmung des ›gemeinsamen Sinnlichen‹ verantwortlich sei, wozu Qualitäten wie Zeit, Größe, Anzahl und Bewegung gehörten, die auf mehr als nur einen Sinn wirkten.[5] An diesem Punkt, in *De anima* III,3, führt Aristoteles den Begriff der *phantasia* ein, den er in zwei Bedeutungen gebrauchte, die beide für die griechische Philosophie maßgebend wurden.[6] Die erste Bedeutung von Phantasie ist die einer ›Bewegung‹, die als Ergebnis einer tatsächlichen Sinneswahrnehmung stattfindet‹[7], mit anderen Worten, sie ist der Sinneseindruck, den das wahrnehmende Subjekt wahrnimmt. Sie ist einer sinnlichen Wahrnehmung ähnlich, jedoch mit dem Unterschied, daß sie auch dann noch weiter besteht, wenn das Objekt, das

---

3 Zur Diskussion über den Begriff der Phantasia bei Aristoteles siehe K. Lycos, »Aristotle and Plato on ›Appearing‹«, *Mind* 73 (1964), 496—514; D.A. Rees, »Aristotle's Treatment of Phantasia«, in John P. Anton and George L. Kustas, (Hgg.) *Essays in Ancient Greek Philosophy* (Albany, N.Y., 1972), S. 491—504; J. Freudenthal, *Über den Begriff des Wortes phantasia bei Aristoteles* (Göttingen, 1863); ebenso die einschlägigen Abschnitte in den Ausgaben und Übersetzungen von *De anima*. Eine wertvolle Bibliographie ist W.W. Fortenbaugh, »Recent Scholarship on the Psychology of Aristotle«, *The Classical World* 60 (1967), 315—27.

4 Aristoteles, *De anima*, II,2; 413b13—16.

5 Ebenda,III,1; 425a14—425b26.

6 Charles Mugler, *Dictionnaire historique de la terminologie optique des Grecs* (Paris, 1964), S. 418—23.

7 Aristoteles, *De anima*, III,3; 429a1—2.

sie verursacht hat, entfernt wird, so wie dem geschlossenen Auge ein Eindruck von Helle verbleibt, wenn es zuvor einen leuchtenden Gegenstand betrachtet hat. In der zweiten Bedeutung kann Phantasie auch den Zustand meinen, in dem solche Eindrücke vorhanden sind und von ihnen Gebrauch gemacht wird — ›das, kraft dessen wir sagen, daß uns ein Bild erscheint‹[8]. Sie ist ein kognitiver Prozeß, der der Wahrnehmung und dem Verstehen ähnlich, jedoch Funktion eines besonderen Seelenteiles, des ›Phantastischen‹, ist. In diesem Sinne entspricht sie vielmehr dem, was wir und die mittelalterlichen Denker unter *imaginatio* oder Vorstellungskraft verstehen.

Für Aristoteles war die Rolle der Phantasie in Wahrnehmung und Verstehen besonders problematisch, da sie einerseits als Mittlerin zwischen beiden erscheint, andererseits jedoch von ihnen unterschieden bleibt. Einerseits ist die Phantasie eine Unterfunktion der Wahrnehmung und ihr kausal verbunden, andererseits befindet sie sich im Unterschied zur Wahrnehmung oft im Irrtum und ist darüber hinaus bei einer Anzahl ›unvollkommener Lebewesen‹, wie den Würmern, nicht vorhanden.[9] Weiterhin kann die Phantasie, ähnlich dem Verstehen, so etwas wie einen rudimentären Denkprozeß vollziehen, der sich auf die Verbindung und Trennung von Sinneseindrücken stützt, ihre Fähigkeiten sind jedoch begrenzt, und sie ist im Unterschied zum Intellekt an ein physisches Organ gebunden.[10] Gleichzeitig verwirft Aristoteles, trotz der zusammengesetzten Natur der Phantasie, die Ansicht, sie könne eine Mischung aus Wahrnehmung und Meinung sein, wie es Platon im Timaios andeutete.[11]

Die kohärenteste Aussage des Aristoteles über die Phantasie als Operation der Seele stellt sie als Brücke zwischen sinnlicher Wahrnehmung und Verstehen dar, da, wie er in einer Formulierung, die durch die Jahrhunderte widerhallte, erklärt, ›die Seele nie ohne Bilder denkt‹[12]. Die Sinne können einen Gegenstand nur erfassen, wenn er tatsächlich gegenwärtig ist. Die Phantasie bewahrt die Substanz und die eigentümlichen Qualitäten des Gegenstandes, auch wenn er abwesend ist, während der Intellekt in einem weiteren Schritt der Abstraktion diese Qualitäten als allgemeine und von der Materie getrennte so verstehen kann, wie es z.B. in den mathematischen Beweisen der Fall ist. Auf diese Weise vermittelt die Phantasie zwischen den Prozessen, in denen sich die Seele mit den materiellen Objekten sinnlicher Wahrnehmung beschäftigt, und jenen, in denen sie abstrakt denkt.[13]

---

8 Ebenda, III,3; 428a1—2.
9 Ebenda, III,3; 428a5—15.
10 Ebenda, III,4; 429a24—27.
11 Ebenda, III,3; 428a24—b10. Cf. Platon, *Timaeus,* 52A.
12 Ebenda, III,7; 431a16.
13 Die Philosophen des Mittelalters und der Renaissance neigten dazu, die Schriften von Aristoteles als ein widerspruchsloses Ganzes zu betrachten und fanden, daß die psychologische Richtung von *De anima* und die physiologische Richtung der *Parva natu-*

Aristoteles führt dieses Bild der Phantasie in den *Parva naturalia* weiter aus, wo er besonderen Nachdruck auf die zugehörige Physiologie legt. In *De memoria* bemerkt er, daß die Erinnerung gleich der Phantasie, mit dem Gemeinsinn und daher mit dem ›ersten Wahrnehmungsvermögen‹ *(to proton aisthetikon)* verbunden ist.[14] Dieses letztere befindet sich augenscheinlich im Herzen, dem Hauptorgan des Körpers und der Quelle aller seiner Funktionen[15]; das Gehirn hat am Erkennen keinen Anteil und dient lediglich als Kühlaggregat des Herzens.[16] Die Sinneseindrücke werden aus den Sinnesorganen in den Gliedern zum Herzen geleitet, durch Wirbel und Wellen des Blutes oder durch den eingeborenen Geist *(symphyton pneuma)*. Dieser ist eine dampfförmige Substanz, ähnlich dem Äther, der Materie der Himmelskörper, enthält die angeborene Wärme des Körpers und ist das eigentliche Instrument, dessen sich die Seele bedient, um ihre physischen Funktionen auszuüben.[17]

Die Auffassung, daß geistige Prozesse physiologisch erklärt werden können, ist grundlegend für das griechische Denken, und Aristoteles' Hinweise auf die Physiologie der Denkprozesse wurden in den Jahrhunderten nach seinem Tod sowohl von Philosophen, wie den Stoikern, als auch von Ärzten, wie Galen (gest. ca. 200 n. Chr.) aufgegriffen und ausgearbeitet. Galens Werk vor allem ist maßgebend für die weitere Entwicklung der Theorien über die Vorstellungskraft in der westlichen Philosophie. Wie Aristoteles verstand er die Seele als immaterielle Substanz, die durch materielle Instrumente, nämlich den Geist oder das *pneuma* wirkt.[18] Während Aristoteles jedoch das Wahrnehmungsvermögen

---

ralia völlig miteinander vereinbar seien. Moderne Forscher behandeln sie oft als zwei Stufen in der Evolution des aristotelischen Denkens; für Literatur über dieses Thema siehe Rees, S. 491 und Fortenbaugh, S. 318—320.

14 Aristoteles, *De memoria et reminiscentia*, 1; 450a9—25.

15 Aristoteles, *De somno et vigilia*, 2; 456a1—6.

16 Aristoteles, *De partibus animalium*, II,7; 652b3—25.

17 Aristoteles, *De insomniis*, 3; 461b13—25 und *De generatione animalium*, II,6; 744a2—4. Für eine ausführlichere Behandlung des Verhältnisses von Geist und Physiologie der Wahrnehmung bei Aristoteles, siehe A.L. Peck, »The Connate Pneuma«, in E. Ashworth Underwood (Hg.), *Science, Medicine and History* (London, 1953), Bd. I, S. 111—21; oder »Symphyton Pneuma«, Appendix B zur Übersetzung von Aristoteles, *De generatione animalium* (London/Cambridge, Mass. 1943, Loeb Classical Library), S. 576—93.

18 Die beste Einführung zu Galens psychologischer Theorie ist Rudolph Siegel, *Galen on Psychology, Psychopathology and the Function and Diseases of the Nervous System* (Basel, 1973). Für die Entwicklung der Idee des Geistes in der Zeit zwischen Aristoteles und Galen, siehe G. Verbeke, *L'évolution de la doctrine du pneuma du stoicisme à St Augustin* (Louvain, 1945), Kap. 1—2; Friedrich Solmsen, »The Vital Heat, the Inborn Pneuma and the Aether«, *The Journal of Hellenic Studies* 77 (1957), 119—23; und Leonhard C. Wilson, »Erasistratus, Galen and the Pneuma«, *Bulletin of the History of Medicine*, 33 (1959), 293—316. Galens eigene Theorien werden auch besprochen von Verbeke, S. 206—220, und Owsei Temkin, »On Galen's Pneumatology«, *Gesnerus* 8 (1950), 180—9.

ins Herz verlegte, lokalisiert es Galen, Platon und den Stoikern folgend, im Gehirn. Die Hirnfunktionen, wie sie in *De symptomatum differentiis* aufgezählt werden, sind: Wahrnehmung, Bewegung und ›herrschendes Vermögen‹ *(hegemonikon)*, welches drei Teile hat: das Phantastische *(phantastikon)*, das Rationale *(dianoetikon)* und das Erinnernde *(mnemoneutikon)*.[19] Sie befinden sich in der Hirnsubstanz, benutzen jedoch als ihr vorzügliches Instrument den lebendigen ›Seelengeist‹ *(pneuma psychikon)* in den Hirnventrikeln.[20]

Es scheint, als habe die Phantasie für Galen mehr oder weniger die gleiche Bedeutung wie für Aristoteles gehabt: sie ist die Tätigkeit, durch die die Seele Sinneseindrücke aufbewahrt und ihre geistigen Bilder erhält. Wie andere Hirnfunktionen wird sie von allen physischen Störungen der Organe, des Geistes oder des Gehirns in Mitleidenschaft gezogen. Die Störungen können physische Verwundungen, z.B. eine Kopfwunde, sein, sie sind jedoch öfter das Ergebnis eines Ungleichgewichts der Säfte, das in der galenischen Medizin die Hauptquelle aller Krankheiten darstellt.[21] Ein Übermaß von einem der vier Säfte — Blut, Phlegma, rote Galle und schwarze Galle oder Melancholie — verursacht Geistesstörung. Einige Leiden, wie die Epilepsie, sind gekennzeichnet durch den Ausfall aller Fähigkeiten des Hirns. Andere wiederum verursachen eine bestimmte Störung der einen oder anderen Hirnfähigkeit.[22] Melancholie z.B., bei der ein Übermaß an schwarzer Galle zu einem zu kalten und zu trockenen Geiste führt, kann das Vorstellungsvermögen angreifen und in Halluzinationen ausarten.[23]

Zwei Aspekte der galenischen Psychologie beeinflußten hauptsächlich die späteren Autoren: die Abhängigkeit der seelischen Prozesse vom Temperament des Körpers und die Unterteilung des ›herrschenden Vermögens‹ in Vorstellung, Verstand und Erinnerung. In den Jahrhunderten nach Galen wurden diese Ideen allgemein in die Tradition der medizinischen Theorie und der aristotelischen Philosophie, die zur Grundlage der intellektuellen Kultur der Spätantike wurde, aufgenommen. Die Darstellung der Physiologie der Hirnfunktionen wurde schematisiert und vereinfacht. Von einem gewissen Zeitpunkt an wurden die drei Teile des ›herrschenden Vermögens‹ in die Hirnventrikel selbst verlegt, die, wenn man die beiden seitlichen Ventrikel als einen zählt, gerade drei sind.[24] Die

---

[19] Galen, *De symptomatum differentiis*, 3 (ed. Kühn: 7, 55—6). Galens Liste der Vermögen wie vieles andere seiner Psychologie, ist den stoischen Ideen entnommen; cf. Aetius, *Placita*, 6,2,1 und Ludwig Stein, *Die Psychologie der Stoa*, Bd. 1 (Berlin, 1886), S. 119—33.

[20] Galen, *De locis affectis*, III,9 (ed. Kühn: 8, 174—5).

[21] Galens Theorie der Säfte wird ausführlich behandelt von Rudolph Siegel, *Galen's System of Physiology and Medicine* (Basel, 1968), S. 196—241. Eine kürzere Behandlung findet sich bei Raymond Klibanyky, Erwin Panofsky und Fritz Saxl, *Saturn and Melancholy* (London, 1964), S. 4—40.

[22] Galen, *De symptomatum differentiis*, 3 (ed. Kühn: 7—61—2).

[23] Galen, *De locis affectis*, III,10 (ed. Kühn: 8, 190).

[24] Es gibt ein großes Corpus von Sekundärliteratur über die Rolle der Ventrikel für die

einflußreichste griechische Beschreibung dieser Anordnung findet sich in *De natura hominis* von Nemesius von Emesa (ca. 390 n. Chr.), einem syrischen Bischof und eklektischen Philosophen.[25] Nemesius nimmt Galens Dreiteilung der herrschenden Seele auf und bemerkt dazu weiter, daß die Vorstellungskraft *(to phantastikon)* im vorderen, der Verstand im mittleren und die Erinnerung im hinteren Hirnventrikel zu finden sei.[26] Dieses System war außerordentlich einflußreich; es wurde im 8. Jahrhundert von dem griechischen Autor Johannes Damascenus aufgenommen, dessen *De fide orthodoxa* Nemesius oft wörtlich folgt und von den frühen arabischen Medizinern ausnahmslos akzeptiert wird.

Aristoteles' Interesse für die Phantasie war hauptsächlich erkenntnistheoretischer Natur, während Galen sich mehr für die zugehörige Physiologie interessierte. Für beide war die Vorstellungskraft ein geistiges Vermögen unter anderen, das keine außerordentliche Rolle beanspruchen konnte. Die dritte Strömung der antiken Philosophie, die zum Grundbestand abendländischer Theorien der Vorstellungskraft beitrug, war der Neuplatonismus; seine Ausrichtung unterscheidet sich prinzipiell von den beiden oben erörterten Strömungen. Die Neuplatoniker hatten ihre Blütezeit vom dritten Jahrhundert an im östlichen Kaiserreich, und sie beriefen sich sowohl auf Aristoteles und Galen als auch auf Platon. Ihre Ideen wurden von Plotin (gest. 270) und seinen Nachfolgern in einem umfassenden System ausgearbeitet, das starke religiöse und mystische Tendenzen aufweist und in dem die Vorstellung eine zentrale Stelle einnimmt.[27]

Plotins deskriptive Psychologie stützt sich weithin auf Aristoteles' Beschrei-

---

geistigen Funktionen. Die klassische ältere Untersuchung ist von Karl Sudhoff, »Die Lehre von den Hirnventrikeln in textlicher und graphischer Tradition des Altertums und Mittelalters«, *Archiv für Geschichte der Medizin* 7 (1914), 149–205. Zu den Überblicken, die sich auf die arabische und lateinische Entwicklung der Ideen konzentrieren, gehören unter anderen George P. Klubertanz, *The Discursive Power: Sources and Doctrine of the ›Vis Cogitativa‹ according to St. Thomas Aquinas* (St. Louis, 1952); Jules Soury, *Le système nerveux central: structure et fonctions* (Paris, 1899), Bd. 1, S. 329–61; E. Ruth Harvey, *The Inward Wits: Psychological Theory in the Middle Ages and the Renaissance* (London, 1975); Walter Pagel, »Medieval and Renaissance Contributions to the Study of the Brain and its Functions«, in: F.N.L. Poynter (Hg.), *The History and Philosophy of Knowledge of the Brain and its Functions* (Oxford, 1972), Kap. 3; Bundy, Kap. 9; Josef Leyacker, »Zur Entstehung der Lehre von den Hirnventrikeln als Sitz psychischer Vermögen«, *Archiv für Geschichte der Medizin* 19 (1927), 253–86; und Harry Austryn Wolfson, »The Internal Senses in Latin, Arabic and Hebrew Philosophical Texts«, *Harvard Theological Review* 28 (1935), 69–133. Sudhoff und Wolfson, die keine Unterscheidung treffen zwischen zugeschriebenen und authentischen Werken der Autoren, die sie behandeln, sollten mit einiger Vorsicht gelesen werden.

25   Vgl. William Telfers Einführung zu seiner Übersetzung *The Nature of Man in Cyril of Jerusalem and Nemesius of Emesa* (Philadelphia, 1955), S. 203–23.

26   Nemesius, *De natura hominis, 13*; siehe Leyacker, S. 264–78.

27   Platons Bemerkungen über die *phantasia* sind verstreut und unausgearbeitet; siehe Bundy, Kap. 2, über Platon, und S. 117–53, über die Neuplatoniker.

bung der Seelenvermögen, überträgt sie jedoch in die Begrifflichkeit der plotinischen Metaphysik. Nach dieser fließt die Seele bei der Geburt aus der Vernunft, um sich mit der verdorbenen Welt der Materie zu verbinden, und kann durch Kontemplation oder den Tod in den Glanz der intelligiblen Welt und des Einen zurückkehren.[28] Die drei kognitiven Funktionen der Seele sind Vernunft *(nous)*, Verstand *(dianoia)* und Wahrnehmung, die zwei Ebenen hat, die untere, die aus den fünf Sinnen und dem Gemeinsinn, und die höhere, die in der Phantasie *(to phantastikon)* besteht. Alle vier haben, Galen folgend, ihren Platz im Gehirn.[29]

Das Vorstellungsvermögen dient, wie bei Aristoteles, als Verbindung zwischen der höheren und der niederen Seele; obwohl es mit dem Denken in Verbindung steht, gehört es doch noch zur niederen Seele, ist eingetaucht in die Materie und von den Erfahrungen des Körpers und der Veränderlichkeit der Säfte nicht zu trennen.[30] Daher muß man sie dem Verstand unterwerfen, um sie von den Fehlern und Irrtümern des Körperlichen zu reinigen. Nur wenn er die Phantasie unterdrückt, kann der Philosoph die Welt der Materie hinter sich lassen und in den Bereich der Vernunft aufsteigen: »um das Intelligible zu sehen, muß man jedes Bild *(phantasia)* der sinnlichen Dinge zurücklassen und das anschauen, was jenseits des Sinnlichen liegt.«[31]

Plotins Ideen wurden von den späteren Neuplatonikern in Athen und Alexandrien weiterentwickelt, als der Neuplatonismus religiöse und theurgische Übungen aufzunehmen begann, die das Ziel hatten, die Menschen zu Göttern zu machen.[32] In diesen Übungen rückte die Phantasie in den Mittelpunkt der Aufmerksamkeit. Iamblich (gest. 326) und später Proclus (gest. ca. 485) entwickelten den Gedanken des phantastischen Geistes *(phantastikon pneuma)*, der mit dem Astralleib gleichgesetzt wird, der ätherischen Substanz, welche die Seele umgibt und als Medium der göttlichen Erleuchtung dient.[33] Diese Gedanken werden ausgebreitet in *De insomniis*, einem Werk des Neuplatonikers Synesius aus dem 5. Jahrhundert n. Chr., das sich an vielen Stellen wie eine Hymne an die Vorstellungskraft liest. Die Phantasie ist das beherrschende menschliche Vermögen.[34]

---

[28] Für eine knappe Darstellung der plotinischen Metaphysik und den Platz der Seele in ihr vgl. A.H. Armstrong, »Plotinus«, Kap. 16 in: A.H. Armstrong (Hg.) *The Cambridge History of Later Greek and Early Medieval Philosophy* (Cambridge, 1967), S. 250–263.

[29] Plotin, *Enneaden*, IV,3,23.

[30] Ebenda, VI,8,3.

[31] Ebenda, V,5,6,17—1; siehe auch III,6,5,23—6. Plotin behauptet die Existenz zweier Vorstellungen, wobei eine der unteren Seele, die andere der oberen oder unsterblichen Seele entspricht; diese Idee wurde jedoch niemals völlig ausgearbeitet.

[32] A.C.Lloyd, »The Later Neoplatonists«, Kap. 17 in: Armstrong, *Philosophy*, S. 272–82.

[33] Iamblichus, *De mysteriis Aegyptiorum*, 3, 14. Für die Darstellung der Entstehung dieser Idee siehe E.H.Dodds, »The Astral Body in Neoplatonism«, Appendix II zu seiner Übersetzung von Proclus, *The Elements of Theology* (Oxford, 1963), S. 313–21.

[34] Synesius, *De insomniis*, 5.

Sie ist »der Übergang zwischen Vernunft und Vernunftlosigkeit, zwischen dem Körperlichen und dem Unkörperlichen, sie ist die Grenze, die beiden gemeinsam ist, und durch sie werden die göttlichen Elemente mit dem, was am weitesten von ihnen entfernt ist, in Verbindung gebracht«. Schwer geworden durch die Verunreinigung ihres Abstiegs in die Materie, kann sie nur leicht und ätherisch werden, wenn die Seele durch die Initiation in die ›kryptische Philosophie‹ gereinigt wird.[35] Träume, Visionen, Prophetien und andere Funktionen der Phantasie rücken daher in den eigentlichen Mittelpunkt philosophischer Fragestellung und religiöser Praxis.

Mittelalterliche Theorien über die Vorstellung

In den Jahrhunderten nach dem Aufstieg des Islams im östlichen Mittelmeerraum wurden viele Werke von Aristoteles, Galen und den Neuplatonikern ins Arabische übersetzt, und ihre Ideen wurden von den islamischen Philosophen und Ärzten — oft in neue Richtungen — weiterentwickelt. Die Situation im Abendland war weniger glücklich. Es wurden nur sehr wenige griechische Texte ins Lateinische übersetzt, und die frühmittelalterlichen Autoren mußten sich mit den indirekten Zeugnissen griechischen Denkens in den spätantiken und frühchristlichen Enzyklopädien und in den Werken des Augustinus und des Boethius begnügen. Seit dem Ende des 11. Jahrhunderts wurden viele Werke der bedeutendsten griechischen Autoren wie ihrer islamischen Nachfolger aus dem Griechischen und vor allem aus dem Arabischen ins Lateinische übersetzt. Das Ergebnis war ein neues Aufblühen der philosophischen Reflexion über die Seele und damit auch der Spekulation über die Vorstellung. In der Entwicklung der lateinischen Psychologie lassen sich im wesentlichen zwei Phasen unterscheiden. Die erste Phase gehört der ersten Hälfte des 12. Jahrhunderts an und stützt sich auf die oben genannten lateinischen Werke und auf die medizinischen Texte, die in der zweiten Hälfte des 11. Jahrhunderts von den Gelehrten aus dem Umkreis von Monte Cassino und Salerno übersetzt wurden. Die zweite Phase beginnt im frühen 13. Jahrhundert, nachdem die wichtigsten Werke des Aristoteles und der bedeutendsten arabischen Philosophen Avicenna und Averroes übersetzt worden waren.

Eines der repräsentativsten und einflußreichsten Werke über die Seele aus der ersten Phase ist *De spiritu et anima;* seine Behandlung der Vorstellung soll als charakteristisch für das Denken dieser Phase betrachtet werden.[36] Die Schrift ist

---

35 Ebenda, 4; vgl. die Übersetzung von Augustine Fitzgerald, *The Essays and Hymns of Synesius* (London, 1930), Bd. 2, S. 334.

36 Für eine Darstellung der Natur und der Quellen der psychologischen Theorie dieser Zeit, siehe Pierre Michaud-Quantin, »La classification des puissances de l'âme au dou-

eine Sammlung von Texten und Ideen einer großen Anzahl christlicher Autoren, wie Augustinus, Cassiodor, Isidor von Sevilla, Alkuin, Hugo von St. Victor und Isaak von Stella. Ihr Autor ist nicht gesichert; bis in die Mitte des 13. Jahrhunderts wurde sie Augustinus zugeschrieben, eine Tatsache, die für ihre Verbreitung bürgt; heute wird sie allgemein dem Zisterzienser Alcher von Clairvaux zugeschrieben.[37]

Die Theorie der Vorstellung oder Phantasie — die beiden Begriffe werden als Synonyme gebraucht — in *De spiritu et anima* ist eine Mischung aus christianisiertem Neuplatonismus und spätantikem und arabischem Galenismus. Die Quellen für erstere sind Augustinus und, indirekt, Boethius; das philosophische Vokabular und die metaphysische Theorie sind in ihrer Grundlage stark augustinisch geprägt und spiegeln sein Verständnis von Plotin wider.[38] Für Augustinus, wie schon für Plotin, wandelt der Mensch an der Grenze zwischen der materiellen und der geistigen Welt; sein Ziel ist, die untere Welt abzuschütteln und zu der höheren aufzusteigen; dieser Aufstieg wird jedoch nicht als Rückkehr über eine Anzahl äußerlicher metaphysischer Stufen oder als Reinigung des Astralleibes dargestellt. Er besteht vielmehr in einem Prozeß der Verinnerlichung — einem Aufstieg durch die Ebenen der Seele selbst.

In *De spiritu et anima* ist die Vorstellung (*imaginatio:* das lateinische Wort selbst ist offenbar eine Schöpfung von Augustinus)[39] für diesen Aufstieg von zentraler Bedeutung. Sie ist die zweite der fünf aus Boethius übernommenen Seelenkräfte: Sinnlichkeit, Vorstellung, Verstand, Vernunft (Intellekt) und Intelligenz. Ihre Funktion besteht darin, die ›Ähnlichkeiten der Körper‹ zu erkennen.[40] Als

---

zième siècle«, *Revue du moyen âge latin* 5 (1949), 15—34, und Bernard McGinn, *The Golden Chain: A Study in the Theological Anthropology of Isaac of Stella* (Washington, 1972), vor allem S. 103—96. Über die Behandlung der Vorstellung vor allem im 12. Jahrhundert, siehe McGinn, S. 158—65, und Marie-Dominique Chenu, »*Imaginatio:* note de lexicographie philosophique médiévale«, *Miscellanea Giovanni Mercati*, Bd. 2, (Città del Vaticano, 1946), S. 594—9.

[37] Diese Zuschreibung wurde in Frage gestellt von Gaetano Raciti, »L'autore del *De spiritu et anima*«,*Rivista di filosofia neoscolastica* 53 (1961), 384—401.

[38] Siehe Chenu, »The Platonisms of the Twelfth Century«, in seinem Buch *Nature, Man and Society in the Twelfth Century*, hg. und übers. von Jerome Taylor und Lester K. Little (Chicago, 1968; Originalausgabe: *La théologie au douzième siècle*, Paris, 1957), S. 60—64, und *Imaginatio*, S. 594—6. Die Schriften von Augustinus und Boethius über die Vorstellung werden analysiert von Bundy, S. 153—76.

[39] Bundy, S. 158.

[40] *De spiritu et anima*, 11 (Pl 40, 1150A): Sic igitur anima sensu percipit corpora, imaginatione corporum similitudines, ratione corporum naturas, intellectu spiritum creatum, intelligentia spiritum increatum. Diese Liste der Vermögen ist letztendlich auf Boethius, *Consolatio philosophiae*, V,4 (Prosa) zurückzuführen. Boethius führt nur die vier unteren Vermögen an, seine Unterscheidung der Gegenstände des höchsten Vermögens in *intelligibilia* und *intellectibilia* führte jedoch eine Anzahl von Autoren des 12. Jahrhunderts dazu, auch das Vermögen selbst zu unterteilen. Siehe Chenu, *Imaginatio*, S. 597—8 und McGinn, 210—13.

Folge dieser Einordnung ist die Vorstellung, wie schon für Plotin, die für den Menschen eigentümliche Funktion: in ihrem Tätigsein vermittelt sie zwischen der Welt der Sinne und der Materie und der Welt des Intellektes und des Geistes und weist daher den gleichen Dualismus wie die menschliche Natur auf. Die fünf Kräfte bilden eine deutliche Hierarchie, die ›fünf Stufen der Weisheit‹ im Aufstieg der Seele.[41] Um in sich selbst das Bild Gottes zu enthüllen — was für Augustinus äußerst wichtig ist — muß sich die Seele von der Vorstellung, die sie an die materielle Welt kettet, trennen:

> Deshalb möge der Geist zu sich selbst zurückkehren und in sich selbst ruhen, so daß er, frei von den körperlichen Bildern, sich selbst und die unsichtbare Natur des allmächtigen Gottes zu schauen vermag. Er möge die Vorstellungen irdischer Bilder und alles, was an Irdischem sich in sein Denken einschleicht, verwerfen und sich in sich selbst suchen und sich betrachten, wie er ist, wenn er frei von ihnen ist. Er möge sich betrachten, wie er geschaffen wurde — geringer als Gott und würdiger als der Körper. Dann lasset ihn über sich selbst steigen und sich selbst vergessen und sich demütig und fromm der Kontemplation seines Schöpfers unterwerfen.[42]

Die neuplatonische Theurgie hat sich in einen orthodoxen Prozeß des mystischen Aufstieges durch Kontemplation verwandelt, dessen Zielsetzung eindeutig christlich ist.

Die Theorie der Vorstellung in *De spiritu et anima* ist nicht völlig neuplatonisch. So wie andere Abhandlungen über die Seele aus derselben Zeit stützt sie sich auf eine galenische Theorie der geistigen Funktionen, die aus den neu übersetzten Texten des Nemesius, Damascenus und der arabischen Medizinschriftsteller Haly Abbas und Iohannitius abgeleitet wurde.[43] Wie diese Schriften verlegt der Autor von *De spiritu et anima* die drei in der medizinischen Tradition kanonischen geistigen Vermögen — Vorstellung, Vernunft und Erinnerung — in die drei Hirnventrikel.[44] Das Instrument dieser Funktionen ist der dampfförmi-

---

41 *De spiritu et anima*, 4 (Pl 40, 1143C).

42 Ebenda, 34 (Pl 40, 1173A): Redeat ergo ad se mens rationalis, et colligat se in se: ut sine imaginibus corporeis se ipsam, et omnipotentis Dei invisibilem naturam considerare valeat, terrenarum phantasmata imaginum, et quidquid terrenum cogitationi ejus occurrerit, respuat: et talem se intus quaerat et videat, qualis est sine istis; consideret se talem, qualis sub Deo supra corpus creata est. Deinde supra semetipsam surgat et se ipsam deserat, atque quodam modo in oblivionem sui veniat, et se contemplationi sui Creatoris humiliter et devote subjiciat.

43 Siehe Michaud-Quantin, »Douzième siècle«, S. 16—19. Harvey bespricht diesen Aspekt der Entwicklung der arabischen Theorie der Medizin auf S. 8—20.

44 *De spiritu et anima* 22 (Pl 40, 1161B): In prima parte cerebri vis animalis vocatur phantastica, id est imaginaria; quia in ea corporalium rerum similitudines et imagines continentur, unde et phantasticum dicitur. In media parte cerebri vocatur rationalis; quia ibi examinat et judicat ea quae per imaginationem representantur. In ultima parte vocatur memorialis; quia ibi commendat memoriae quae a ratione sunt judicata. Man beachte, daß diese Anordnung nicht augustinisch ist: in *De Genesi ad litteram*,

ge Geist, der die Eindrücke der sinnlichen Gegenstände durch die Ventrikel leitet.[45] Die Vorstellung ist so eine organische Funktion und daher, wie Galen beschreibt, dem Ungleichgewicht der körperlichen Säfte unterworfen. Ihre Produkte, vor allem Träume, sind verschieden je nach dem Temperament des Träumers: Sanguiniker sehen andere Dinge als Choleriker oder Melancholiker.[46] Ihre Abhängigkeit vom Körper ist zugleich Ursache und Anzeichen ihres niederen Status in der Hierarchie der ›goldenen Kette‹ des christlichen Neuplatonismus.

Im 12. Jahrhundert waren die Theorien der Vorstellung, wie die Psychologie des 12. Jahrhunderts überhaupt, grundlegend religiös orientiert. In vieler Hinsicht waren sie auch entschieden un-aristotelisch. Das Gegenteil ist der Fall für Abhandlungen, die in der zweiten Phase der Geschichte der mittelalterlichen lateinischen Psychologie entstanden und die ihren Anfang um 1220 und 1230 nimmt. Mit den Übersetzungen der arabisch-aristotelischen Philosophen und später der Werke des Aristoteles selbst erhielten die lateinischen Schriften über die Seele einen völlig anderen Charakter; die ältere, augustinische Tradition wurde in theologischen Spekulationen und in den enzyklopädischen und vulgärsprachlichen Werken, die für das nicht-akademische Publikum bestimmt waren, fortgesetzt; die Psychologie der lateinischen Naturphilosophen jedoch fand ihren Niederschlag in der Tradition der Kommentare zu Aristoteles De anima.[47] Vielleicht die wichtigste Persönlichkeit für diese Übernahme der griechisch-arabischen Psychologie war der Pariser Magister Albertus Magnus (gest. 1280). Alberts Beitrag bestand darin, die meisten augustinischen und theologischen Elemente aus dem philosophischen Studium der Seele zu entfernen und es in der Tradition des Aristoteles neu zu begründen, wobei er Avicennas (980—1037) Schrift De anima als Grundstein seines eigenen Werkes heranzog. Seine Theorie der Vorstellung wurde mit Ausnahme einiger wenig bedeutender Modifikationen zur Norm für die gesamte Scholastik bis hin zur Zeit Picos.[48]

VII, 18, teilt Augustin die Sinneswahrnehmung dem vorderen Ventrikel, die Erinnerung dem mittleren und die Bewegung dem hinteren zu.

[45]   Ebenda, 33 (Pl 40, 1171A—C).

[46]   Ebenda, 25 (Pl 40, 1165B).

[47]   Für ein Beispiel einer ganz augustinischen Betrachtung der Vorstellung durch einen Theologen des 13. Jahrhunderts, siehe Chenu, »Le ›De spiritu imaginativo‹ de R. Kilwardby«, Revue des sciences philosophiques et théologiques 15 (1926), 507—17. Dieselbe Betrachtungsweise kann man auch in Sentenzen-Kommentaren finden. Ähnlich behalten Enzyklopädien, wie die von Alexander Neckham, Bartholomaeus Anglicus und Thomas von Cantimpré eine augustinische Seelentheorie bei, die in weitem Maße auf De spiritu et anima sich stützt; siehe Michaud-Quantin, »Les petites encyclopédies du troisième siècle«, in Maurice de Gandillac et al., La pensée encyclopédique au moyen âge (Neuchâtel, 1966), S. 105—20.

[48]   Michaud-Quantin, »Albert le Grand et les puissances de l'âme«, Revue du moyen âge latin 11 (1955), vor allem S. 82—86. Albertus längster Abschnitt über die Vorstellung befindet sich in der Summa de homine (2. Teil der Summa de creaturis), QQ 37—38 (ed.

Eine der Neuerungen, die Avicenna in seiner Schrift *De anima* macht, ist, daß er alle von Aristoteles genannten Operationen der Seele aufnimmt und sie in ein umfassendes hierarchisches System der Vermögen einfügt.[49] Vor allem teilt er die Fähigkeiten des Wahrnehmungsvermögens in zwei Gruppen — die äußeren und die inneren Sinne. Erstere sind die bekannten fünf Sinne, wie Gesicht, Gehör, Geruch usw. Letztere bestehen aus fünf Fähigkeiten: Gemeinsinn, zurückhaltende Vorstellung, kombinatorische Vorstellung, eine instinktive Kraft der Vermeidung oder Anziehung, die Bewertung genannt wird, und Erinnerung. Erstere und letztere sind eindeutig aristotelischer Herkunft. Die mittleren drei scheinen drei Funktionen zu entsprechen, die in *De anima* III, 3 der Phantasia zugeschrieben werden. Alle fünf Sinne befinden sich in den drei Hirnventrikeln.[50] Diese Synthese aristotelischer Psychologie und galenisch-arabischer Tradition wird beinah unverändert von Albertus aufgegriffen.[51] Wie Avicenna vor ihm, unterteilt Albertus die Vorstellung in zwei Vermögen. Das erste wird *imaginatio* genannt; sie ist die »Kraft, die die Bilder sinnlicher (Qualitäten) beibehält, wenn der Gegenstand selbst abwesend ist«[52], und sie sorgt für einen Vorrat geistiger Bilder, die für Denken, Träumen und Visionen zur Verfügung stehen. Diese letzteren sind eigentlich ein Produkt des zweiten imaginativen Vermögens, das Albertus *phantasia* nennt; dies ist »die Kraft, die die Bilder durch Komposition und Division aufeinander bezieht«, um neue Kombinationen existierender Dinge oder auch völlig neue Gegenstände, wie Kentauren, zu bilden.[53]

---

49   Borgnet 35, 323a—333b) und in seinem Kommentar zu *De anima*, III, 1. Kap. 1—9 (ed. Köln 7/1, 166a—176b).

49   Etienne Gilson stellt Avicennas System der Vermögen dar in »Les sources gréco-arabes de l'augustiniesme avicennisant«, *Archives d'histoire doctrinale et littéraire du moyen âge* 4 (1929), S. 62. Cf. Das Schema des Seelenmodells bei Albertus in Arthur Schneider, *Die Psychologie Alberts des Großen* (Münster, 1903—6), S. 547—8.

50   Avicenna, *De anima seu Sextus de naturalibus*, IV, 1—4 und V, 8, ed. S. Van Riet, Bd. 2 (Louvain/Leiden, 1968), S. 1—67 und 182—3. Avicennas System der inneren Sinne wurde im Abendland auch durch Algazels Metaphysik bekannt; siehe J.T. Muckle, ed. *Algazel's Metaphysics, A Medieval Translation* (Toronto, 1933), S. 169—71. Eine vollständige Beschreibung der inneren Sinne nach Avicenna gibt Harvey, S. 21—30 und 39—53; die meiste der unter Anm. 24 zitierten Literatur beschäftigt sich auch mit Avicenna und der Entwicklung der Idee der inneren Sinne.

51   Albertus Lehre vom Subjekt wird sorgfältig analysiert von Nicholas Steneck, »Albert the Great on the Classification and Localization of the Internal Senses«, *Isis* 65 (1974), 193—211.

52   Albertus Magnus, *Summa de homine*, Q. 37,1 (ed. Borgnet 35, 325b): est imaginatio virtus tenens imagines sensibilium re non presente...

53   Ebenda, Q. 38, 1 (ed. Borgnet 35, 331a): potentia collativa imaginum per compositionem et divisionem. Man beachte, daß Albertus sich im klaren darüber war, daß seine Phantasie/Vorstellungs-Unterscheidung niemals ausdrücklich von Aristoteles durchgeführt wurde; in diesem Passus bemerkt er, beide Begriffe könnten im weiteren Sinne benutzt werden, um alle Operationen der Seele, die mit sinnlichen Bildern zu tun haben, zu bezeichnen.

Albertus legt großen Nachdruck auf den physiologischen Prozeß, der mit der Vorstellung verbunden ist. Er beruft sich auf die medizinischen Werke, die auch von den Autoren des 12. Jahrhunderts benutzt wurden, seine wichtigste Quelle ist jedoch *De differentia animae et spiritus* des syrischen Autors Costa ben Luca (gest. 923), das im 12. Jahrhundert ins Lateinische übersetzt wurde. Albertus folgt Costas oft befremdender Physiologie geistiger Funktionen bis in kleinste Detail und bringt Veränderungen nur an, wenn dies nötig ist, um seine fünf ›inneren Sinne‹ mit Costas Triade von Vorstellung, Vernunft und Erinnerung in Einklang zu bringen.[54]

Die Tätigkeit der inneren Sinne in den Ventrikeln ist in einer sehr mechanischen Weise von dem Seelen-Geist — Galens gereinigtem Pneuma — abhängig. Der Geist fließt im Allgemeinen von vorne nach hinten, so daß er vom vorderen Ventrikel ausgeht, wo er im Gemeinsinn die Eindrücke empfängt, die durch die Nerven von den Sinnesorganen dorthin übermittelt wurden. Von hier fließt er nach hinten und trägt die Eindrücke zur Vorstellung in den hinteren Teil des ersten Ventrikels, wo sie aufbewahrt werden, und dann zur Phantasie und zur Bewertung. Er erreicht schließlich den letzten Ventrikel, wo er die Erinnerung bedient und fließt dann durch die Rückenmarknerven, um den Gliedern des Körpers Bewegungsimpulse zu geben.[55] Der physische Zustand der Organe ist von größter Wichtigkeit; der Hirnteil, der der *imaginatio* dient, muß z.B. ziemlich hart und kalt sein, um, wie Wachs, die Eindrücke deutlich bewahren zu können, während der Teil, in dem sich die *phantasia* befindet, wärmer und feuchter sein muß, damit die Bilder frei fließen und zusammengesetzt und getrennt werden können.[56]

Für Albertus ebenso wie für Aristoteles besteht die wichtigste Funktion des Vorstellungsvermögens, allgemein gesprochen, darin, dem Intellekt zu dienen — ihm die Formen der materiellen Gegenstände zu liefern, von denen er die universellen Formen, deren er sich im Denken bedient, abstrahiert. Deswegen unterstreicht Albertus wie Aristoteles, daß die Vorstellung oft eine Quelle des Irrtums sei. Vor allem kann sie, wie alle organischen Kräfte, an einer physischen Funktionsstörung leiden, die zu Halluzinationen führt. Darüberhinaus kann sie falsche oder nicht existierende Konzepte aus einer unangemessenen Kombination von Bildern hervorbringen oder — was das schlimmste ist — sie kann den Intellekt in Hinblick auf geistige Dinge irreführen, wenn sie keine sinnlichen Bilder besitzt, die ihnen entsprechen würden.[57]

---

54 Alberts Physiologie wird ausführlich besprochen von Steneck, »Albert the Great«, S. 204—9.
55 Costa ben Luca, *De differentiis animae et spiritus*, ed. Carl Sigmund Barach (Innsbruck, 1878; Reprint, Frankfurt, 1968), S. 127—30. Harvey faßt auf S. 37—9 Costas Werk zusammen.
56 Albertus, *De anima*, II,4,7 (ed. Köln 7/1, 158a).
57 Albertus, *Summa de homine*, 38,5 (ed. Borgnet 35, 335a).

Albertus Magnus Theorie der inneren Sinne wurzelt in den antiken Texten, stammt jedoch unmittelbar von arabischen Autoren, die beim Versuch, die Widersprüche zwischen Galen und einem leicht platonisierten Aristoteles aufzuheben, den Schwerpunkt ihrer Psychologie verschoben hatten. Das Ergebnis war eine Theorie der Seele, die sich auf die genaue Ausarbeitung oder Beziehung von Höherwertigkeit und Minderwertigkeit zwischen den scharf unterschiedenen Vermögen, sowie auf den materiellen Geist und die Organe, durch die er wirkte, konzentrierte. Die Vorstellung macht, als eines dieser Vermögen, dieselbe Entwicklung durch. Sie wurde in zwei Funktionen geteilt, auf die Aristoteles in *De anima*, III hingewiesen hatte: die zurückhaltende und die kombinierende Vorstellung, wobei letztere die höherwertige war. Um sie von den äußeren Sinnen zu unterscheiden, wurde der Aspekt der Repräsentanz der Vorstellung unterstrichen. Sie wurde zu dem Vermögen, das ausschließlich mit abwesenden Gegenständen zu tun hat, wohingegen sie für die Griechen und die Autoren des 12. Jahrhunderts ganz allgemein die Operationen bezeichnete, durch die die Seele die Sinneseindrücke erhält.

Wenn die Bemühungen der Araber zu Komplikationen führten, so führten die von Albertus und seinen Zeitgenossen zur Verwirrung. Obwohl das allgemeine Gerüst seiner Theorie eindeutig der eben entwickelten Skizze entspricht, sind die Details weit davon entfernt, auch nur annähernd klar zu sein. Sein Versuch, eine große Anzahl oft einander widersprechender Quellen, die häufig mit ebenso widersprüchlicher Terminologie aus dem Arabischen und dem Griechischen übersetzt worden waren, miteinander in Einklang zu bringen, führte zu nichts als einer wiederum widersprüchlichen Materialansammlung über die inneren Sinne; kombiniert mit dem leicht abweichenden Modell in *De anima* von Averroes — das unter anderen auch von Thomas von Aquin übernommen wurde — beherrscht sie diesen Aspekt der spätmittelalterlichen Psychologie.[58] Während des 14. Jahrhunderts gab es eigentlich kein Interesse für die Vorstellung an sich. Sie wird nur nebenbei erwähnt in den Diskussionen über die Natur der Erkenntnis und vor allem in den endlosen Quaestionen über die Namen und die genaue Zahl der inneren Sinne und deren Sitz in Herz oder Hirn.[59] Diese Probleme bleiben der aristotelischen Philosophie bis ins 15. und 16. Jahrhundert, besonders an den Universitäten Nordeuropas, erhalten, bis sie schließlich allmählich — ange-

---

[58] Averroes, *Commentarium magnum in Aristotelis de anima libros* III, 6, ed. F. Stuart Crawford (Cambridge, Mass. 1953), S. 415—16. Cf. Thomas von Aquin, *Summa theologiae*, I,78,4. Die Ideen des Aquinaten über dieses Thema stehen denen von Albertus sehr nahe; siehe Robert Edward Brennan, »The Thomist Concept of Imagination«, *The New Scholasticism* 15 (1941), 149—61.

[59] Steneck gibt eine ausführliche Darstellung dieser Diskussionen in: *The Problem of the Internal Senses in the Fourteenth Century,* unveröff. Phil.-Diss., University of Wisconsin, 1970.

sichts der neuen Strömungen in Philosophie und Medizin, die im 15. Jahrhundert in Italien entstehen —, in den Hintergrund treten.

Theorien über die Vorstellung in der Renaissance vor Pico

Die Wiederbelebung des Interesses an der antiken Kultur und den antiken Texten sollte die intellektuelle Kultur Europas von Grund auf verändern. Die Übersetzung bis dahin unbekannter, griechischer Autoren und die humanistische Neu-Übersetzung der anerkannten Autoritäten führte zwar nicht zu einer Verdrängung der mittelalterlichen Theorien über die Vorstellung — schließlich waren auch sie aus der griechischen Tradition erwachsen —, aber sie machten doch mit neuen Ideen bekannt, die den Ton und den Inhalt der Schriften über dieses Thema veränderten. Der Humanismus begann eher als literarische denn als philosophische Bewegung, beeinflußte jedoch schon bald die Psychologie und mit ihr die Theorien der Vorstellung und der inneren Sinne, wie sie an den italienischen Universitäten gelehrt wurden.[60] Einige Autoren, wie der Paduaner Philosoph Paulus Venetus, zeigten im frühen 15. Jahrhundert großes Interesse für das Problem der Übersetzung der aristotelischen Terminologie[61], und dieses Interesse wurde durch die neue humanistische Übersetzung von De anima noch gefördert.[62] Ein Beispiel dafür ist der Kommentar zu De anima von Niccolò Tignosi da Foligno (1402—74), der ebenso in Padua lehrte.[63]

In seiner rhetorischen Widmung an Lorenzo de Medici bemerkt Tignosi in prunkvollem Humanistenlatein, daß er ›eine neue Übersetzung von De anima aus dem Griechischen‹ — die des Argyropoulos — benutzt habe, die die beinah unlösbare Aufgabe der Interpretation und Darstellung der aristotelischen Gedanken überhaupt erst möglich mache. Es wird bald deutlich, daß diese Behauptung nicht nur rhetorisch ist. Obwohl Tignosi in mancher Hinsicht nur die von Albertus Magnus ins Leben gerufene Kommentartradition fortsetzt, zeigt er doch in anderer Hinsicht eine völlig veränderte Einstellung zu diesem Thema. Gepaart mit seinem Interesse für die wörtliche Bedeutung des Textes ist sein Be-

---

60 Die Implikationen werden allgemein in F. Edward Cranz, »The Renaissance Reading of the *De anima*«, in *Platon et Aristote à la Renaissance* (Paris, 1976), S. 359—76 diskutiert.

61 Im Rahmen seiner Auseinandersetzung mit der aristotelischen Definition der Vorstellung als Bewegung erklärt Paulus in seinem *Scriptum super librum de anima* (Venedig, 1481), f. 174vb: ubi nova translatio dicit fantasiam, antiqua dicit imaginationem, et sepe imaginatio sumitur dupliciter aliquando pro potentia, aliquando pro actu ipsius. Vgl. Cranz zum Unterschied zwischen der ›alten‹ und der ›neuen‹ Übersetzung.

62 Diese werden in Cranz, S. 360—5 beschrieben.

63 Für weitere Informationen über Tignosi, siehe Lynn Thorndike, *Science and Thought in the Fifteenth Century* (New York, 1929), Kap. 10.

mühen, die genuin aristotelische Psychologie von späteren arabischen oder lateinischen Zusätzen zu unterscheiden. Tignosi erkennt, daß ein solcher Zusatz die ausführliche Theorie der inneren Sinne ist. Er schreibt:

> Merke wohl, daß Aristoteles niemals von mehr als drei inneren sinnlichen Vermögen spricht, nämlich von Gemeinsinn, Phantasie und Erinnerung. Und hier (in *De anima*) scheint er nur über die ersten beiden zu sprechen, da er Phantasie, Bewertung und Denken (cogitativa: ein anderer Begriff für die kombinatorische Vorstellung) als ein einziges Vermögen sehen möchte, das nur dem Namen nach unterscheidbar ist wegen der verschiedenen Operationen, die von der Phantasie ausgeübt werden.[64]

Tignosis Analyse ist grundsätzlich korrekt, und viele Philosophen nach ihm haben die gleiche These vertreten. Ein Ergebnis der Reduktion beinah aller inneren Sinne auf ein einziges Vermögen, das ebensogut Phantasie wie Vorstellung genannt werden kann, ist, daß selbst innerhalb der aristotelischen Tradition die Vorstellung aus einem von mehreren inneren Sinnen zu einem wichtigen selbständigen Vermögen wird.

Dieses Phänomen wird besonders deutlich in den Schriften Marsilio Ficinos (1433—99), der Schüler Tignosis war und zu der zentralen Persönlichkeit des Florentiner Neuplatonismus wurde.[65] Ficinos Psychologie ist eine oft inkonsistente Mischung aus neuplatonischen, aristotelischen, galenischen und mittelalterlichen Ideen; aber trotz aller Widersprüche bedeutet sie eine neue Phase in der Entwicklung der Vorstellungstheorie. Ficino neigt wie Tignosi dazu, alle inneren Sinne unter dem Namen der ›Phantasie‹ zu vereinen;[66] in anderen Punkten sind seine Ideen vielmehr vom Neuplatonismus beeinflußt und stehen daher der Vorstellungstheorie von *De spiritu et anima* näher. Sein wichtigstes philosophisches Werk ist die *Theologia Platonica*, ein umfangreiches Buch, das vor allem die Seele und ihre Unsterblichkeit behandelt. In diesem Werk übernimmt er Boethius Aufzählung der Seelenkräfte — Sinne, Vorstellung, Verstand und Ver-

---

[64] Niccolò Tignosi, *In libros Aristotelis de anima commentarii* (Florenz, 1551), S. 325: Nota tamen quod Aristoteles nunquam repertus est loqui nisi de tribus virtutibus sensitivis interioribus, scilicet sensu communi, phantasia, et memoria. Et hic videtur loqui de primis duabus solum, quoniam vult phantasiam, aestimativam et cogitativam esse eandem virtutem, sed nomine solum differe ratione diversarum operationum, quas per phantasiam operamur.

[65] Die beste Einführung zu Ficinos Denken ist Paul Oskar Kristeller, *The Philosophy of Marsilio Ficino*, übers. von Virginia Conant (New York, 1943; deutsche Ausgabe, Frankfurt, 1972). Auf S. 10—29 gibt Kristeller einen Überblick über Ficinos Leben und seine Stellung in der Philosophiegeschichte.

[66] Marsilio Ficino, *Theologia Platonica*, VI, 2, in Raymond Marcel, Hrsg. und Übers., *Théologie platonicienne de l'immortalité des âmes* (Paris, 1964—70), Bd. 1, S. 226. An anderen Stellen scheint Ficino doch wenigstens einige der inneren Sinne zu unterscheiden; seine Terminologie und deren Gebrauch ist jedoch höchst widersprüchlich. Marcels Ausgabe hat einen hervorragenden Index, der bei der Untersuchung solcher Probleme vorzügliche Dienste leistet.

nunft — und setzt sie mit den Stufen des Seelenaufstieges zur Welt Gottes und der engelhaften Intelligenzen gleich.[67]

Er unterscheidet sich jedoch vom Autor von *De spiritu et anima* dadurch, daß er direkte Kenntnis von einigen der wichtigen neuplatonischen Texte, einschließlich derer von Plotin, Iamblich und Synesius besitzt, die er im Auftrag von Cosimo übersetzte. Seine Theorie der Seele enthält einige der weniger orthodoxen theurgischen Techniken, die sich auf die Vorstellung bezogen. In manchen Abschnitten scheint er z.B. den Begriff des Astralkörpers, der ätherischen Substanz der Seele, aufzugreifen, den die späteren Neuplatoniker mit der Vorstellung gleichsetzten und ›phantastischen Geist‹ nannten.[68] Dieser Begriff wird zur theoretischen Grundlage der natürlichen Magie, die er im dritten Buch seiner besonders einflußreichen Schrift *De triplici vita* beschreibt: durch den Gebrauch von Talismanen und Farben, Edelsteinen, Blumen und besonderen Speisen und Getränken sollen die astrologischen Einflüsse der wohltätigen Planeten auf den angehenden Magier herabgeleitet werden. In diesem Prozeß ist nach dem besten Kenner der magischen Theorie Ficinos, die Vorstellung ›die grundlegende, zentrale Kraft, und die anderen Kräfte werden meist nur als Mittel benutzt, um sie zu verstärken oder anderen zu vermitteln‹.[69]

Für Ficino erweiterte die Lektüre der neuerworbenen Texte der griechischen Neuplatoniker die Macht und Bedeutung der Vorstellung gewaltig. Sie erhält eine zentrale Bedeutung nicht nur in seiner magischen Theorie, sondern auch in seiner Erkenntnislehre, in seiner Theologie und in seiner Eschatologie. Die Vorstellung nimmt so im späten 15. Jahrhundert, zumindest in einem der größten intellektuellen Kreise Italiens, einen Rang ein, den sie seit der Spätantike nicht mehr besessen hatte. Es war ein Thema, das in der Luft lag und auf großes populäres wie akademisches Interesse stieß. In diesem Kontext müssen wir Gianfrancesco Picos *De imaginatione* lesen.

Picos *De imaginatione*

Durch seinen Onkel stand Pico mit dem Kreis der Intellektuellen um Ficino in Florenz in Beziehung, und sein Werk über die Vorstellung verrät Vertrautheit

---

[67] Ficino, *Theologia Platonica*, VIII, 1 und X, 6. An anderen Stellen unterscheidet Ficino die Vermögen etwas anders: der boethische Rahmen ist jedoch grundlegend. Zur Stellung der Seele im metaphysischen System von Ficino siehe Kristeller, S. 364—401.

[68] Z.B., ebenda, XIII, 4; Bd. 2, S. 239—40, und XVI, 5; Bd. 3, S. 122. Siehe Robert Klein, »L'imagination comme vêtement de l'âme chez Marsile Ficin et Giordano Bruno«, *Revue de métaphysique et de morale*, 1956, no. 1, 18—39. Vgl. die Verweise in Anm. 35 oben.

[69] D.P. Walker, *Spiritual and Demonic Magic from Ficino to Campanella* (London, 1958), S. 76. Siehe S. 3--84 für eine ausführliche Analyse der Magie von Ficino und seinen Zeitgenossen.

mit einigen Schriften und Themen, die für diese von großer Bedeutung waren. Wie Ficino zeigt er eine generelle humanistische Vorliebe für die antiken Autoren vor den mittelalterlichen, sowie eine Tendenz zum philosophischen Eklektizismus. Darüber hinaus enthält seine Theorie der Vorstellung auch offensichtlich einige neuplatonische Elemente, die teils aus seiner Lektüre griechischer Autoren wie Synesius (in der Übersetzung Ficinos) und teils aus den Werken Giovanni Picos und wahrscheinlich auch Ficinos stammen.[70] Im Unterschied zu Ficino aber ist Pico wie sein Onkel, Girolamo Benivieni und andere Mitglieder des Kreises um Lorenzo Medici lebenslang ein entschiedener Anhänger Savonarolas.[71] Die streng religiöse Ausrichtung von *De imaginatione* ist eindeutig vom Geist Savonarolas getragen. Er verwarf die Magie und Metaphysik der Neuplatoniker und ersetzte sie durch eine stark ethische und asketische persönliche Frömmigkeit.

De imaginatione sollte dennoch nicht nur als religiöse Abhandlung gelesen werden; es ist zugleich ein psychologischer Essay und beweist eine große Kenntnis antiker Philosophie. Pico war vertraut mit den oben skizzierten Hauptströmungen griechischen Denkens über die Vorstellung, mit den aristotelischen, galenischen und neuplatonischen Theorien. Er benutzte sie alle drei, besonders die erste, aber er benutzte auch verschiedene andere Werke, wie Epictets *Enchiridium*, die erst kürzlich übersetzt worden waren und der griechischen Auffassung der *phantasia* eine neue Dimension hinzufügten.

Pico profitierte so von der wesentlich gewachsenen Anzahl der antiken, vor allem griechischen Texte, die den Gelehrten am Ende des 15. Jahrhunderts zugänglich waren. Er spiegelt auch noch einen anderen Aspekt des Humanismus wider: die Tendenz, Ideen der antiken Psychologie aufzugreifen und in einem Argumentationszusammenhang zu verwenden, der zutiefst religiöser oder ethischer Natur ist — vor allem, wenn es darum geht, ihre Implikationen für den Menschen als Mitglied der menschlichen Gesellschaft und des Reiches Gottes herauszuarbeiten. Viele Werke der italienischen Renaissance zeigen diese Mischung von Ideen: Petrarcas *De sui ipsius et aliorum ignorantia* oder *De remediis*, Vallas *De vero falsoque bono*, ja selbst Giovanni Picos *Oratio de hominis dignitate* können alle in diesem Licht betrachtet werden.

Das Buch, das in Intention, Quellen und Ton *De imaginatione* am nächsten steht, ist vielleicht das *Enchiridion militis christiani*, das zwei Jahre später von Erasmus veröffentlicht wurde. Der letzte Abschnitt von *De imaginatione* sollte

---

70 Auf besondere Ähnlichkeiten zu Ficinos Äußerungen wird in den Fußnoten verwiesen.

71 Für eine Darstellung der Beziehungen zwischen dem Gelehrtenkreis um Lorenzo de' Medici und Savonarola, siehe Donald Weinstein, *Savonarola and Florence: Prophecy and Patriotism in the Renaissance* (Princeton, 1970), Kap. 6. Gianfrancesco Pico war ein strenger Kritiker von Ficinos magischen Praktiken; siehe Walker, S. 146—51.

wie der des *Enchiridions* durchaus als Anleitung zur Frömmigkeit gelesen werden. Picos Haltung gegenüber dem Vermögen der menschlichen Seele unterscheidet sich jedoch erheblich von der des Erasmus, von seinen optimistischen Aussagen über die Wirksamkeit menschlichen Bemühens und seinem Vertrauen in die geistigen Kräfte des Menschen. Pico steckt tief in den Ideen Savonarolas von der menschlichen Verworfenheit und der Unzulänglichkeit des menschlichen Erkenntnisvermögens, das ohne die Hilfe von Offenbarung und Gnade niemals auch nur irgendeine religiöse Wahrheit erreichen könnte.[72] Für ihn ist die Vorstellung die schwächste Stelle der menschlichen Seele, der eigentliche Grund dafür, daß das menschliche Leben von Sünde und Irrtum beherrscht wird. Die Neigung der Vorstellung zum Irrtum wird durchaus in der antiken und mittelalterlichen Tradition nicht verschwiegen, Pico greift jedoch dieses Thema, das nur eines von vielen war, heraus und macht es zum Mittelpunkt seines Interesses und seines Werkes.

Die Schrift *De imaginatione* zerfällt in zwei Teile. Im ersten Teil (Kap. 1–6) definiert Pico die Vorstellung und beschreibt ihren Platz in der Seele und ihre Rolle im Leben und Denken der Lebewesen, vor allem des Menschen. Im zweiten Teil, der wiederum zweigeteilt ist, behandelt er die Vorstellung als Quelle des Irrtums und beschreibt die vier Weisen, wie die Vorstellung den Menschen irreführt (Kap. 7 und 8) und die vier entsprechenden Therapien (Kap. 9 bis 12). Die Beschreibung der Vorstellung im ersten Teil stützt sich vor allem auf die aristotelische Theorie. ›Wem jedoch der Sinn danach steht, diesen Fragen noch gründlicher nachzugehen‹, schreibt Pico, ›der lese und studiere die Ausführungen über die Seele von Aristoteles und denen, die in seiner Nachfolge philosophiert haben‹.[73] Der größte Teil von Picos Argumentation ist *De anima*, III, 3 entnommen. Die Vorstellung ist eine Bewegung in der Seele, die durch tatsächliche Sinneswahrnehmungen erzeugt wird und sich von den Sinnen, der Meinung und dem Intellekt aus den von Aristoteles vorgetragenen Gründen unterscheidet. Sie ist von großer Bedeutung für das menschliche Leben, sowohl für das Erkennen, insofern sie den Intellekt mit den gereinigten Sinnesbildern, ohne die abstraktes Denken unmöglich ist, versorgt, als auch für das Handeln, insofern sie Sehnsucht erregt und die Bewegungskräfte der Seele stimuliert.[74]

Picos Grundbeschreibung der Vorstellung entbehrt nicht völlig platonischer Elemente. Es gibt z.B. einen flüchtigen Hinweis auf den *Philebus;* aber recht eigentlich inspiriert haben ihn die Schriften der Neuplatoniker.[75] Wie Ficino stützt er seine Analyse auf die vier Seelenkräfte des Boethius: Sinne, Vorstellung,

---

72 Schmitt, *Gianfrancesco Pico*, S. 35–37.
73 Gianfrancesco Pico, *De imaginatione,* Kap. 4.
74 Ebenda, Kap. 5–6.
75 Ebenda, Kap. 1.

Verstand und Vernunft.[76] Und wie die Neuplatoniker hebt er die vermittelnde Funktion der Vorstellung hervor — er zitiert Synesius und bemerkt, daß ›die Vorstellung dem Zwischenreich der unkörperlichen und der körperlichen Natur angehört und das Medium ist, das beide verbindet‹.[77] Weil sie die Seele mit dem Körper verbindet, ist sie das menschliche Vermögen schlechthin, die Quelle von allem Guten und Bösen im Menschen. Dieses Denken in psychologischen und philosophischen Hierarchien ist typisch für den Neuplatonismus der Antike wie der Renaissance. Es spielt eine große Rolle in der berühmten *Oratio* von Giovanni Pico, von der einige Passagen im Werk Gianfrancescos nachhallen. An einer Stelle in *De imaginatione* warnt Gianfrancesco z.B.:

> Wer den Einflüsterungen fehlgeleiteter Sinne und trügerischer Vorstellungen folgt, verliert seine Würde und sinkt auf die Stufe des Tieres herab ... dazu ist er geschaffen und an *den* Platz in der Ordnung des Universums gestellt, daß er aufsteige zum Höheren, zu Gott, er, der es vorzieht, zum Niederen hinabzusteigen, um, seine Würde vergessend, jenen Platz einzunehmen, der den Tieren bestimmt ist.[78]

Trotz dieser platonischen Elemente ist Picos Ausrichtung doch im Wesentlichen aristotelisch. Am Ende des 6. Kapitels bemerkt er, daß Platon und Aristoteles sich in einigen Fragen fundamental widersprechen. Während Aristoteles und seine Nachfolger behaupten, daß alles Wissen durch die Sinne erworben wird, vertreten die Platoniker die Anschauung, die Seele steige mit einer vorgegebenen Anzahl angeborener Ideen in den Körper herab. Obwohl Pico eher zur Versöhnung neigt, stellt er sich in dieser Frage schließlich doch gegen Ficino auf die Seite der Aristoteliker, wenn er schließt, daß Sinneswahrnehmung und Vorstellung notwendige Auslöser selbst für die Wiedererinnerung seien.[79]

Eine Analyse dieses ersten Teiles von *De imaginatione* sollte vor allen Dingen festhalten, daß Pico selbst Griechisch las und daß seine Interpretation der aristotelischen und der platonischen Position auf Vertrautheit mit den Originaltexten ruhte. Daher ist seine Beurteilung ihrer Bedeutung wesentlich genauer als die seiner mittelalterlichen Vorgänger. Es scheint vor allem, als sei er der erste lateinische Autor gewesen, der die grundlegende Bedeutungsverschiebung erkannte, die das griechische Wort *phantasia* erlitten hatte, welches ursprünglich ›Sinneseindruck‹ bedeutete, von den lateinischen Autoren jedoch mit *imaginatio* übersetzt und vor allem zur Bezeichnung eines Seelenvermögens benutzt wurde. ›Die lateinische Bezeichnung für diese Fähigkeit‹, betont er, ›bezieht sich sowohl auf die Fähigkeit selbst als auch auf ihre Aktualisierung, die allein Gegenstand der

---

76 Siehe oben, Anm. 40. Vgl. Ficino, *Theologia Platonica*, VIII, 1. Auch in Ficinos Werk existiert die neuplatonische Einteilung neben starken aristotelischen Elementen.

77 Pico, Kap. 4.

78 Pico, Kap. 7; vgl. Giovanni Pico, *Oratio*, 4.

79 Pico, Kap. 6. Ficinos Haltung zu diesem Problem kommt z.B. der platonischen sehr viel näher; siehe *Theologia Platonica*, X, 6.

griechischen Bezeichnung zu sein scheint«.[80]

Zweitens entfernt sich Pico völlig von der mittelalterlichen Tradition der scholastischen Schriften über die Vorstellung. Er lehnt es ab, sich ernsthaft mit den Fragen über die inneren Sinne, die eher arabischer als griechischer Herkunft waren und das Material zu den spätmittelalterlichen Kommentaren lieferten, zu beschäftigen. Am Ende des 4. Kapitels bemerkt er:

> Es ist hier nicht der Ort, jene Fragen zu diskutieren, die sehr viele beunruhigt: ob nämlich die Vorstellung sich — wie Thomas und die lateinischen Aristoteleskommentatoren meinen — vom Gedächtnis, vom Gemeinsinn und von der Urteils- und Denkfähigkeit unterscheidet... Wir müssen hier auch die Frage übergehen, wo die Fähigkeit der Vorstellung ihren Sitz hat. Aristoteles nämlich verlegte sie ins Herz, Galen ins Gehirn, der Araber Averroes nimmt eine mittlere Position ein, wenn er sie aus dem Palast des Herzens hervorgehen, dann aber zu den Zinnen des Hauptes aufsteigen und erst dort Sitz und Wohnung nehmen läßt.[81]

Wie Tignosi und Ficino vor ihm entschloß sich auch Pico dazu, unter dem Begriff der Vorstellung all diejenigen Operationen zu vereinen, die den inneren Sinnen zugeschrieben worden waren, statt viel Mühe auf ihre genaue Unterscheidung zu verwenden. ›Eine solche Wahrheit trägt‹, behauptet er, ›selbst wenn sie exakt untersucht und erfaßt ist, nicht allzu viel zu unserem Vorhaben in diesem Werk bei‹.[82]

Picos Vorhaben besteht, wie im zweiten Teil von *De imaginatione* deutlich wird, in der detaillierten Untersuchung der Vorstellung als der zentralen negativen Kraft der menschlichen Seele — der Quelle aller moralischen Irrtümer, die das ›bürgerliche Leben‹ mit den Lastern des Ehrgeizes, der Grausamkeit, der Lust und des Geizes plagen wie alle Irrtümer in Denken und Meinen, die die philosophische und religiöse Harmonie durch polemische Schlußfolgerungen und gefährliche Häresien stören. Nach dem Lauf der Natur, so schließt er, hängt unsere Vorstellung von vier Faktoren ab: ›vom Temperament des Körpers, von den Gegenständen, die wir durch die Sinne wahrnehmen und die uns affizieren, von unserem Urteilsvermögen und von der Unterstützung, die wir durch gute oder schlechte Engel erfahren‹.[83] In diesen vier Bereichen müssen wir daher nach den Ursachen für die Irrtümer der Vorstellung und — was noch wichtiger ist — nach ihrer Therapie suchen.

Die beiden ersten Irrtümer, die von Galen bzw. Aristoteles beschrieben worden waren, sind unwillkürlich; ihre Ursachen sind dem Geist des Vorstellenden äußerlich und ihre Heilung muß daher auch von außen kommen, z.B. durch einen Arzt.[84] Pico wußte jedoch sehr wohl, daß nicht alle Irrtümer außerhalb der

---

[80] Pico, Kap. 1; S. 51.

[81] Ebenda, Kap. 4; S. 59.

[82] Ebenda.

[83] Ebenda, Kap. 8; S. 71.

[84] Ebenda, Kap. 8—9. Vgl. Ficino, *Theologia Platonica*, XIII, 2 (ed.Marcel: 3, 211).

Kontrolle des Subjektes liegen. Zur Stützung seines Argumentes verweist er auf den Abschnitt der Nikomachischen Ethik, in dem Aristoteles schließt, daß wir, wenn Moralphilosophie überhaupt möglich sein soll, annehmen müssen, daß jeder Mensch auf gewisse Weise für seine Handlungen verantwortlich ist: daß er sowohl die Eindrücke *(phantasia)* — oder in Picos Übersetzung: *imaginationes* — die die äußeren Dinge auf ihn machen, als auch seine Reaktionen darauf kontrollieren kann.[85] Im Fall der dritten Art des Irrtums muß die Vorstellung deshalb der willentlichen Kontrolle eines höheres geistigen Vermögens unterworfen sein. Für Pico mit seinem von Boethius übernommenen Modell der vier Vermögen gibt es zwei Möglichkeiten: den diskursiven Verstand und die kontemplative Vernunft.

Im 10. Kapitel entwickelt Pico die Art und Weise, wie man den Verstand benutzen kann, um die erkrankte Vorstellung zu heilen, und im Verlauf dieser Darstellung führt er eine völlig neue Tradition antiken Denkens über die *phantasia* in die Diskussion ein: die der Stoiker, wie sie im *Enchiridium* des Epictet enthalten ist, das gerade erst von Polizian aus dem Griechischen übersetzt worden war.[86] Epictet benutzt *phantasia* im konventionellen stoischen Sinn als unmittelbaren Sinneseindruck, der entweder als wahr und korrekt anerkannt oder als falsch und mit den Außendingen nicht zu vereinbaren verworfen werden kann.[87] Alle moralischen Irrtümer entspringen danach einer vorschnellen Zustimmung zu irreführenden Erscheinungen oder *imaginationes,* wie Polizian übersetzt. Der Kern der stoischen Ethik ist in der folgenden Empfehlung Epictets enthalten:

> Mache es dir daher zur Aufgabe, jeder unangenehmen Vorstellung *(phantasia)* mit den Worten ›du bist nur eine Vorstellung und nicht das, was du zu sein scheinst‹ zu begegnen. Dann stelle sie nach den dir bekannten Regeln auf die Probe; und zuerst unterziehe sie der Hauptprobe: ›bezieht sie sich auf etwas, das in unserer Macht steht?‹ Und wenn sie sich auf etwas bezieht, das nicht in unserer Macht steht, sei bereit zu antworten, daß sie keine Bedeutung für dich habe... Was den menschlichen Geist verstört, sind nicht die Ereignisse, sondern seine Urteile über Ereignisse. Der Tod z.B. ist nichts Furchtbares, sonst hätte auch Sokrates ihn für etwas Furchtbares halten müssen.[88]

Indem Pico Epictets Beispiel aufgreift, zeigt er, wie der Verstand benutzt werden kann, um die nur in der Vorstellung bestehende irrationale Angst vor dem Tode zu bekämpfen. Seine Argumente selbst sind christlich und konventionell:

---

85   Aristoteles, *Nikomachische Ethik,* 1114a31—b25.
86   Siehe Revilo Pendleton Oliver, Hrsg., *Niccolo Perotti's Version of the Enchiridion of Epictetus* (Urbana, III, 1954), S. 27—29.
87   Stein, Bd. 2 (Berlin, 1888), S. 154—186. Cicero übersetzt *phantasia,* wenn es in diesem Sinn benutzt wird, mit *visum.* Vgl. *Academica,* I, 40.
88   Epictet, *Enchiridium,* 1—5.

Was wir als ›sterben‹ bezeichnen, nannten die Griechen *teleutein:* denn der Tod ist ja das Ende aller Mühen und das Ende aller Beschwerlichkeiten und der Beginn eines besseren Lebens. Denn, wie mein Onkel Giovanni Pico ebenso wahr wie gelehrt und elegant im fünften Kapitel seines Buches *Über das Sein und das Eine* schreibt: »Unser Sterben beginnt mit unserem Leben«, ... Von diesem Tod, sagte der Apostel, müsse er sich mit Gottes Gnade befreien, und — seiner Ratio folgend und die Vorstellung verbannend — bat er um Auflösung seines Körpers und Eingehen in Christus.[89]

Auf gleiche Weise zeigt Pico, auf den Spuren Epictets, daß Schmerz, Zorn und Begierde nach verwerflichen Freuden lediglich die Ergebnisse unbeständiger Vorstellungen sind und mit rationalen Argumenten in den Wind geschlagen werden können. In dem Fall der zuletzt genannten Versuchung empfiehlt Pico ein weiteres kleines Werk seines Onkels: die *Regulae XII.*

Wie jedoch zu erwarten war, lassen sich die Vorstellungen am wirkungsvollsten durch die Vernunft beherrschen, ›das reinste und höchste aller geistigen Vermögen‹. Im 11. Kapitel, in dem Pico dieses Thema behandelt, ist seine Darstellung in hohem Maße neuplatonisch und erinnert an einige der zur Mystik tendierenden Schriften seines Onkels. Die Vernunft ist das Vermögen, das am weitesten von der materiellen Welt entfernt ist, und ihre intuitive Erkenntnis ist den höchsten geistigen Substanzen eigentümlich: Gott und den Engeln. Indem er die Behauptung des Aristoteles verwirft, nur die Sinne könnten sich nicht irren, und einen der berühmtesten Abschnitte der *Oratio* seines Onkels anklingen läßt, ruft Pico die Menschen dazu auf,

nicht bei der Ratio, die dem Menschen eigen ist, stehenzubleiben, sondern zum Intellekt fortzuschreiten, mit dessen Hilfe wir den Engeln, d.h. jenen reinsten Geistern, die Gott beständig dienen, ähnlich werden, soweit es die Schwäche unseres Fleisches zuläßt.[90]

In seiner Darstellung, wie man Verstand und Vernunft gebrauchen muß, um die zum Irrtum neigenden Vorstellungen zu disziplinieren, bedient sich Pico eines ins christliche gewendeten Stoizismus und Platonismus und vereinigt dabei, dem Beispiel seines verehrten Onkels folgend, christliche Lehre und antike Philosophie. In der Behandlung der vierten Vorstellungsstörung — der Täuschung durch böse Geister — ist seine Haltung streng katholisch und erinnert stark an die Geistigkeit eines Savonarola. Nach der orthodoxen Lehre kann nur Gott allein Wirkungen ohne Zuhilfenahme der unmittelbaren natürlichen Ursachen hervorbringen; selbst Engel und Teufel müssen durch körperliche Instrumente wirken und können deswegen nur die organischen Vermögen des Menschen affizieren, die Sinne und, öfter noch, die Vorstellung. Sie rufen die Halluzinationen der Hexen und falschen Propheten hervor, indem sie die Geister und Säfte im Gehirn manipulieren.[91] Von solchen Illusionen kann man nur durch rein christ-

---

[89] Pico, Kap. 10, S. 85. Das Paulus-Zitat steht im Brief an die Philipper, I, 21—23.

[90] Ebenda, Kap. 11; S. 97. Vgl. Giovanni Pico, *Oratio*, 7—11, wo Pico vom ›Streben nach einer engelhaften Lebensführung‹ spricht.

[91] Thomas von Aquin, *Summa contra Gentiles*, III, 103.

liche Heilmittel genesen: durch Glaube, Gebet und Heilige Schrift sowie durch die Schriften und Beispiele der Heiligen. Man kann sich die Vorstellung der Kinder zunutze machen, um eine gewisse Vorstufe der Tugend in ihnen zu fördern, aber sie ist — ebenso wie das wörtliche Verständnis der Bibel — letztlich ein Hindernis des geistlichen Wachstums.

> Denn hat man erst einmal die Rinde der Heiligen Schriften entfernt und den Schleier der Vorstellungen abgelegt, der sich zur Rinde des Buchstabens so verhält wie der unter der Rinde verborgene Geist zu dem von den Vorstellungen gereinigten Intellekt, dann strömt der Geist in die Seele und läßt uns das Göttliche vorkosten, was ein Beginn des zukünftigen Ruhmes ist, der in uns offenbar werden wird.[92]

Die Betonung von persönlicher Frömmigkeit und innerlicher Geistigkeit im letzten Kapitel von *De imaginatione* ist sicherlich in großem Maße von Savonarola beeinflußt, doch ist das ganze Werk keineswegs ausschließlich durch den Dominikanerprediger inspiriert worden. Noch auf der letzten Seite gesteht Pico den ›Pythagoreern und Platonikern und fast allen, auch den barbarischen, Völkern‹[93] eine begrenzte Offenbarung zu — eine Behauptung, die ausdrücklich von Savonarola zurückgewiesen wurde. In seinem späteren und berühmteren Werk, dem *Examen vanitatis*, gelangt Pico mit Hilfe der Argumente des griechischen Skeptizismus zu einer Haltung, die der Savonarolas wesentlich näher liegt. Die frühe Schrift *De imaginatione* hingegen ist, trotz des pessimistischen Urteils über die Welt der Vorstellung, noch durchdrungen vom Vertrauen in die Rationalität und von der Bereitschaft, in den Schriften der antiken Philosophen eine Orientierungshilfe für die christliche Lebensführung zu finden.

Wie weit *De imaginatione* spätere Autoren beeinflußt hat, ist noch ungeklärt. Wir wissen, daß das Werk von Jean-Antoine de Baïf in der Mitte des 16. Jahrhunderts ins Französische übersetzt wurde. Baïf war Mitglied der Pléiade und einer der Gründer der französischen *Académie de poésie et de musique*, die das Studium der schönen Künste und der Philosophie förderte — letztere mit einer eklektischen und platonischen Tendenz, die weitgehend aus den Schriften Ficinos und seines Kreises stammte.[94] Baïfs Interesse an Picos Schrift ist nicht schwer zu erklären. Das Hauptziel seiner Akademie bestand darin, mit Hilfe der Musik wunderbare moralische und emotionale Wirkungen in der Seele des Hörers hervorzurufen und das psychische Instrument, um dieses Ziel zu erreichen, konnte nur jenes Vermögen sein, das die Sinne mit den höheren Vermögen verband: die Vorstellung.[95] Diese Verbindung von schönen Künsten und Vorstellung ist

92 Pico, Kap. 12; S. 93.
93 Ebenda, Kap. 12; S. 97.
94 Frances A. Yates, *The French Academies of the Sixteenth Century* (London, 1947; Reprint Nendeln, Liechtenstein, 1968), S. 19—27.
95 Siehe Walker, S. 119—26. Yates bespricht diese maßvolle Musik und Dichtkunst in Kap. 3.

nicht ohne Bedeutung, denn sie stellt eindeutig eine Entwicklung dar, die von Picos Ideen wegführt. In *De imaginatione* wird die Kunst niemals erwähnt, und es gibt Belege dafür, daß Pico in seinen späteren Jahren der weltlichen Dichtung zumindest mit Verachtung gegenüberstand.[96] Auch die antiken Quellen, auf die Pico sich stützte, kennen keine Verbindung zwischen Kunst und Vorstellung.

Gleichzeitig gibt es jedoch eine Tradition antiken Denkens, die diese Verbindung herstellt: die Theorie der Kunst und Rhetorik bei späten griechischen und römischen Autoren, wie Quintilian (gest. ca. 100 n. Chr.) und Philostratus (gest. 245 n. Chr.).[97] Ihre Werke wurden in den humanistischen Kreisen Italiens im späten 15. Jahrhundert viel gelesen, und es ist wahrscheinlich kein Zufall, daß die *phantasia* gerade zu dieser Zeit erstmals in der italienischen Kunsttheorie erscheint, nämlich im *Trattato* von Filarete und den Notizbüchern von Leonardo da Vinci. Leonardos Begriff der Vorstellung bleibt jedoch im Rahmen der Tradition der inneren Sinne, und der Filaretes ist rein neoklassisch.[98] Im 16., 17. und 18. Jahrhundert bleibt die Vorstellung, sowohl in der Psychologie als auch in der Kunsttheorie, wesentlich das, was sie auch für Pico gewesen war: ein Vermögen, das die Bilder, die durch die Wahrnehmung aus der Natur gewonnen wurden, reproduziert und kombiniert. Erst um 1800 wurde dieses antike Verständnis durch das romantische Konzept der schöpferischen Phantasie in den Werken von Schelling, Schlegel, Coleridge und anderen ersetzt.[99] Für Coleridge und spätere Autoren ist die Vorstellung nicht mehr ein wesentlich reproduktives Vermögen; sie wird zum Instrument, mit dessen Hilfe der Künstler eine neue und höhere Wirklichkeit schafft, das »Labor, in dem das Denken das Wesen ins Dasein bringt«.[100]

---

[96] Siehe z.B. in seinem Brief an Ariost, in *Opera Omnia* (Basel, 1601), Bd. 2, S. 884—5, wo er den Text einiger seiner früheren weltlichen Gedichte mit dem folgenden Ausruf mitschickt: Eos enim mihi cum suasit philosophia, tum persuasit religio ut in minutissima frusta discerptos ventis committerem.

[97] Bundy beschreibt ihre Ideen über die Vorstellung in Kap. 3.

[98] Siehe M. Kemps Artikel, der in Anm. 11 des 1. Teiles angeführt wurde und weitere Informationen dazu liefert. Über Leonardo, siehe Kemp, »›Leonardo's Early Skull Studies‹«, *Journal of the Warburg and Courtauld Institutes* 34 (1971), vor allem S. 118—9 und 130—4; und sein »Ogni dipintore dipinge se: A Neoplatonic Echo in Leonardo's Art?«. In Cecil H. Clough, Hrsg. *Cultural Aspects of the Italian Renaissance: Essays in Honour of Paul Oskar Kristeller* (Manchester, 1976), S. 316.

[99] Es gibt eine umfangreiche Sekundärliteratur zur Entwicklung der Theorien der Vorstellung in der Literaturkritik der Zeit nach Pico. Als Einführung dazu siehe Castor, Pléiade Poetics (Cambridge, 1964), Kap. 8, und René Wellek, *A History of Modern Criticism: 1750—1950*, Bd. 1: *The Later Eighteenth Century* (New Haven, 1955), passim, ad indicem.

[100] Siehe Walter Jackson Bate, *Coleridge* (New York, 1968), S. 158—169; das Zitat von Coleridge steht auf S. 160.

BIBLIOGRAPHIE

I. Werke zu Gianfrancesco Pico

(Hier werde ich nur diejenigen Werke anführen, die nicht in Charles B. Schmitt, *Gianfrancesco Pico della Mirandola (1469–1533) and His Critique of Aristotle* [The Hague, 1967, International Archives of the History of Ideas no. 23] aufgezählt sind.)

A. Neuauflagen und Neuausgaben von Picos Werken

Giovanni Pico della Mirandola, Gianfrancesco Pico, *Opera omnia* (1557–1573) ... con una introduzione di Cesare Vasoli (Hildesheim, 1969). Die Einführung sagt sehr wenig über G.F. Pico.

Joannes Franciscus Picus Mirandulanus, *Opera Omnia con una premessa di Eugenio Garin: Tomus prior. Scripta in editione Basilensi anno MDLXXIII collecta* (Torino, 1972). Garins *premessa* (S. III–VII) ist eine wertvolle Zusammenfassung von G.F. Picos Leben und Werken.

Walter Cavini, »Un inedito di Giovan Francesco Pico della Mirandola: *La Quaestio de falsitate astrologiae*«, *Rinascimento*, seconda serie, 13 (1973), 133–77.

B. Sekundärliteratur

Bronislaw Biliński, *Il Pitagorismo di Niccolò Copernico* (Wroclaw etc., 1977), vor allem 106–13.

Peter Burke, »Witchcraft and Magic in Renaissance Italy: Gianfrancesco Pico and His Strix«, in Sydney Anglo (ed.), *The Damned Art: Essays on the Literatur of Witchcraft* (London, 1977), 245–53.

Blossom Feinstein, »On the Hymnus of John Milton and Gianfrancesco Pico«, *Comparative Literature* 20 (1968), 245–253.

Angiolo Gambaro (Hrsg.), Desiderio Erasmo da Rotterdam, *Il Ciceroniano o dello stile migliore* (Brescia, 1965), vor allem S. XXXV–XLIX.

Eugenio Garin, Storia della filosofia italiana (Torino, 1966), 590–4.

Felix Gilbert, »Cristianesimo, umanesimo e la bolla ›Apostolici regiminis‹ del 1513, *Rivista storica italiana* 79 (1967), 976–90.

Romeo de Maio, *Savonarola e la curia romana* (Roma, 1969), vor allem 121–131 (Kap. VIII: »Gianfranceso Pico della Mirandola e la questione della scomunica«).

N.H. Minnich, Concepts of Reform Proposed at the Fifth Lateran Council, *Archivium historiae pontificiae* 7 (1969), 163–251.

George W. Parks, »Pico della Mirandola in Tudor Translation«, in *Philosophy and Humanism: Renaissance Essays in Honour of Paul Oskar Kristeller*, Hrsg. E.P. Mahoney (Leiden, 1976), 352–69.

R.H. Popkin, *The History of Scepticism from Erasmus to Spinoza* (Berkeley – Los Angeles – London, 1979), bes. 20–23.

Werner Raith, *Die Macht des Bildes: Ein humanistisches Problem bei Gianfrancesco Pico della Mirandola* (München, 1967).

Charles B. Schmitt, »Gianfrancesco Pico della Mirandola and the Fifth Lateran Council«, Archiv für Reformationsgeschichte 61 (1970), 161–78.

François Secret, Gianfrancesco Pico della Mirandola, Lilio Gregorio Giraldi e l'alchimie, *Bibliothèque d'Humanisme et Renaissance* 38 (1976), 93–108.

D.P. Walker, *The Ancient Theology* (London, 1972), passim ad indicem.
Donald Weinstein, *Savonarola and Florence: Prophecy and Patriotism in the Renaissance* (Princeton, 1970) ad indicem.

II. Werke über die Vorstellung

A. Texte

Albertus Magnus, *Summa de homine*, QQ 37—38 (ed. Borgnet: 35,323a—333b).
  De anima, III,1,1—9 (ed. Köln: 7/1, 166a—176b).
Aristoteles, *De anima*
  Parva naturalia, vor allem *De memoria et reminiscentia*, *De somno et vigilia*, und *De insomniis*.
Augustinus, *Epistolae*, 6—9 (Pl: 33, 67—73).
  De Genesi ad litteram, XII, 6—36 (Pl: 34, 458—86).
Avicenna, *Liber de anima seu Sextus de naturalibus*, IV, 1—4 und V, 8, ed. S. Van Riet (Louvain/Leiden, 1968—72).
Costa ben Luca, *De differentiis animae et spiritus*, ed. Carl Sigmund Barach (Innsbruck, 1878; Reprint Frankfurt, 1968).
  De spiritu et anima, (Pl: 40, 1139—1212).
Ficino, Marsilio. *Theologia Platonica*, in Raymond Marcel, Hg. und Übers., *Théologie platonicienne de l'immortalité des âmes* (Paris, 1964—70).
Plotin, *Enneaden*, IV—V, vor allem IV, 3, 23—31.
Synesius, *De insomniis* (ed. Terzaghi: 2, 143—89).

B. Sekundärliteratur

Ambrosi, Luigi. *La psicologia della immaginazione nella storia della filosofia* (Roma, 1898).
Brennan, Robert Edward. »The Thomist Concept of the Imagination«, *The New Scholasticism* 15 (1941), 149—61.
Blumenthal, H.J., *Plotinus' Psychology. His Doctrine of the Embodied Soul* (The Hague, 1971).
  ›Neoplatonic Interpretations of Aristotle on *Phantasia*‹, *Review of Metaphysics* 31 (1977), 242—57.
Bundy, Murray Wright. *The Theory of Imagination in Classical and Medieval Thought* (Urbana, Ill., 1927).
Castor, Grahame. *Pléiade Poetics* (Cambridge, 1964).
Chenu, Marie-Dominique. *Imaginatio*: note de lexicographie philosophique médiévale«, in *Miscellanea Giovanni Mercati*, vol. 2 (Città del Vaticano, 1946), 593—602.
Clarke, Edwin, und Kenneth Dewhurst. *An Illustrated History of Brain Function*, Kap. 3 (Oxford, 1972), Kap. 3.
Freudenthal, Jacob. *Über den Begriff des Wortes phantasia bei Aristoteles* (Göttingen, 1863).
Harvey, E. Ruth. *The Inward Wits: Psychological Theory in the Middle Ages and the Renaissance* (London, 1975).
Klein, Robert. »L'imagination comme vêtement de l'âme chez Marsile Ficin et Giordano Bruno«, *Revue de métaphysique et de morale* 1 (1956), 18—39.
Klubertanz, George P. *The Discursive Power: Sources and Doctrine of the* »*Vis cogitativa*« *according to St. Thomas* (St. Louis, 1952).

MacFarlane, I.D. »Montaigne and the Concept of the Imagination.« In D.R. Haggis, S. Jones, et al. (Hgg.), *The French Renaissance and its Heritage* (London 1968), 117—38.

M.C. Nussbaum, *Aristotle's De Motu Animalium* (Princeton, 1978), bes. 221—69.

Pagel, Walter. »Medieval and Renaissance contributions to the Study of the Brain and its Functions.« In F.N.L. Poynter (Hg.), *The History and Theory of Knowledge of the Brain and its Functions* (Oxford 1958), 95—114.

Park, Katharine. *The Imagination in Renaissance Psychology.* Unveröff. M. Phil Dissertation. University of London, 1974.

Rees, D.A. »Aristotle's Treatment of Phantasia«. In John P. Anton and George L. Kustas (Hgg.), *Essays in Ancient Greek Philosophy* (Albany, 1972), 491—504.

M. Schofield, »Aristotle on the Imagination« in G.E.R. Lloyd & G.E.L. Owen (Hgg.), *Aristotle on the Mind and Senses* (Cambridge, 1978), 99—140.

Siegel, Rudolph E. *Galen on Psychology, Psychopathology, and Function and Diseases of the Nervous System* (Basel, 1973).

Steneck, Nicholas H. »Albert the Great on the Classification and Localization of the Internal Senses«, *Isis* 65 (1974), 193—211.

Walker, D.P. *Spiritual and Demonic Magic from Ficino to Campanella* (London, 1958), besonders 1—84.

Eine Anmerkung zu den früheren Ausgaben von *De imaginatione*[1]

Der *Liber de imaginatione* wurde zuerst bei Aldo Manutius im April 1501 in Venedig veröffentlicht. Der Widmungsbrief an Kaiser Maximilian trägt das Datum vom 1. Dezember 1500, und wir besitzen keinen Beweis für ein früheres Vollendungsdatum des Werkes. Es ist in den verschiedenen Ausgaben der Gesammelten Werke von Pico (Straßburg, 1506—7, Basel, 1573; Basel, 1601) enthalten und wurde während des 16. Jahrhunderts noch zweimal als Einzelschrift veröffentlicht. Diese Ausgaben sind: (1) *De Phantasia Ioannis Francisci Mirandulae liber, in quoque imaginationis facultas, natura, quaeque ei erroris causa sit, quibusque remediorum praesidiis occuri possit* (Basel, 1536) und (2) *De phantasia aureolus sane Iohannis Mirandulae liber* (Wittenberg, 1588). Eine französische Übersetzung von Jean-Antoine de Baïf erschien als *Traité de l'imagination tiré du latin de Pico della Mirandole par J.A.d.B.* (Paris, 1557). Laut einigen bibliographischen Quellen wurde diese Übersetzung 1577 neu aufgelegt; wir haben jedoch noch kein Exemplar einer solchen Neuauflage nachweisen können. Im Jahre 1930 wurde *Gian Francesco Pico della Mirandola, On the Imagination. The Latin Text with an Introduction, an English Translation, and Notes by Harry Caplan* (New Haven, 1930 Cornell Studies in English, no. XVI) veröffentlicht. Caplans Ausgabe stützt sich auf die beiden Ausgaben von *De imaginatione*, die zu Picos Lebzeiten veröffentlicht wurden, d.h. die Ausgaben Venedig 1501 (V) und Straßburg 1506—7 (S). Es existieren nach dem heutigen Forschungsstand keine MS. mehr. Caplans zuverlässige Ausgabe wird hier nachgedruckt und dient als Grundlage für die vorliegende Übersetzung.

---

[1] Ausführliche Informationen über den Text und die verschiedenen Ausgaben können in der Einleitung zu Caplans Ausgabe und in Schmitts Werk über Pico gefunden werden.

TEXT UND ÜBERSETZUNG

SACRATISSIMO CAESARI MAXIMILIANO ROMANORUM REGI AUGUSTISSIMO JOHANNES FRANCISCUS PICUS MIRANDULAE DOMINUS CONCORDIAEQUE COMES

Scribit Eusebius Pamphili, summe regum Maximiliane Auguste, videri sibi gentium philosophos, si aut inter se aut cum aliis compararet, claros illos quidem viros fuisse; si vero eos ipsos philosophis theologisque conferret qui veri Dei cultui vacassent, inanes et frivolos. Sic mihi de te fari liceat, augustissime Caesar. Visi enim summa et aestimatione et gloria digni multi qui hunc quem tu felicissime insides Romani imperii thronum conscendere, si vel inter sese vel aliis cum regibus diversarum gentium et nationum conferantur. Tecum autem collati (absit tam ab[a] instituto meo quam a castissimis tuis auribus adulatio) subsidere gradus non parum multos conspicientur. Tantus enim et sublimis adeo tuarum virtutum cumulus, ut vetustorum saeculorum gloriam, et antiquitatis illius undequaque laudatae famam superaveris. Ut enim praeteream quae paene puer adversus contumaces gentes et rebelles populos, non per legatos, sed per te ipsum gesseris, fusosque et fugatos potentissimos hostium exercitus, captas urbes, detriumphata proelia; ut item decora pacis taceam cum bellicis certantia—quanta se mihi offert seges scribendique materia, si ad acumen ingenii, corporis robur, rerum linguarumque peritiam, si ad prudentiam, justitiam, fortitudinem, temperantiam, liberalitatem, clementiam, pietatem, reliquasque in homine raras, in principe rarissimas virtutes me converto. Quas Dei maximi optimi munere cumulate adeo possides, ut tecum natae, altae, immo in alios a te mutuo profectae videantur. Sed dabitur olim fortasse (ut est in votis) tantillum otii atque quietis, ut prosequi latius ista diligentiusque pro virili possim, futura posteritati in exemplum et profutura. Fecerunt olim virtutes istae tuae, magnanime Caesar, me tibi eo devinctum, ut nihil antiquius optabiliusque mihi in rebus humanis contingere posse arbitrarer, quam tuae maiestati in re aliqua vel belli, vel pacis, vel utriusque gratificari. Tanta autem proposito huic meo accessio facta est ob ea quae in me parum alioqui nisi ex fide meritum beneficia contulisti, ut ex ipso desiderio quaedam prope necessitas suborta sit.

---

[a] Ab: om. S.

GIANFRANCESCO PICO, HERR VON MIRANDOLA UND GRAF VON CONCORDIA, DEM HEILIGSTEN KAISER MAXIMILIAN, DEM ERHABENSTEN HERRSCHER DES RÖMISCHEN REICHES!

Eusebius Pamphilius, o höchster Herrscher Maximilian Augustus, schreibt, ihm seien die heidnischen Philosophen, verglichen miteinander oder mit anderen, immer als sehr bedeutende Männer, verglichen aber mit den christlichen Philosophen und Theologen als frivol und nichtssagend vorgekommen. In diesem Sinne sei es mir gestattet, auch von Dir, erhabenster Kaiser, zu sprechen. Den Thron des Römischen Reiches, den Du jetzt auf so glückliche Weise innehast, haben schon viele Männer bestiegen, die, verglichen miteinander und mit anderen Herrschern verschiedenster Völker und Nationen, der höchsten Wertschätzung und des höchsten Ruhmes würdig erscheinen, die aber, stellt man sie Dir gegenüber, doch weit hinter Dir zurückbleiben. (Leere Schmeichelei sei mir und meinem Vorhaben ebenso fern, wie sie von Dir ferngehalten werde.) Denn deine Fähigkeiten sind so groß und überragend, daß Du darin den Ruhm früherer Jahrhunderte und das Ansehen des von allen so gerühmten Altertums noch übertriffst. Lassen wir beiseite, was Du — damals fast noch ein Knabe — gegen rebellische Stämme und Völker nicht durch Gesandtschaften, sondern unter Einsatz Deiner Person vollbracht hast; lassen wir auch beiseite, daß Du stärkste feindliche Heere aufgerieben und in die Flucht geschlagen, Städte erobert und in Schlachten triumphiert hast; ich spreche auch nicht über Deine ruhmreichen Taten im Frieden, die hinter Deinen Kriegstaten in nichts zurückstehen. Welch weites Feld und welche Fülle von Themen bietet sich mir allein schon an, wenn ich mich der Schärfe Deines Geistes, Deiner körperlichen Ausdauer, Deinen wissenschaftlichen und sprachlichen Kenntnissen, Deiner Klugheit, Gerechtigkeit und Tapferkeit, Deiner Selbstzucht und Freigebigkeit, Deiner Milde, Frömmigkeit und allen anderen Vorzügen zuwende, die schon bei Menschen im allgemeinen selten, bei Herrschern aber überaus rar sind. Alle diese Vorzüge vereinst Du als Gaben des allerhöchsten Gottes so in Dir, daß man den Eindruck hat, sie wären mit Dir erst in der Welt erschienen, mit Dir gewachsen und von Dir erst auf andere übergegangen. Das alles nach Kräften genauer und gewissenhafter, der Nachwelt zum Nutzen und Beispiel zu schildern, wird mir vielleicht einmal — mit Gottes Hilfe — ein wenig mehr Muße und Ruhe vergönnt sein. Diese Deine Vorzüge, großherziger Kaiser, verbinden mich Dir seit langem so, daß ich mir in allen menschlichen Dingen nichts Wichtigeres und Wünschenswerteres vorzustellen vermag, als Deiner Majestät im Krieg oder im Frieden oder in beiden in irgendeiner Hinsicht zu Diensten sein zu können. Aus diesem meinen sehnlichsten Wunsch ist — durch die Wohltaten, die Du mir, der ich doch gering bin und Verdienste allenfalls durch Treue erworben habe — beinahe eine Notwendigkeit geworden.

Quapropter cum ad praesens se mihi nil offerat te dignum, existimans tamen novarum lucubrationum, qualescumque illae sint, dicationem tibi non ingratam fore, librum hunc nostrum et ad te mittere et sub tuo nomine publicare voluimus, rati et futurum id apud te non solum fidei nostrae et observantiae testimonium, sed et pignus cudendi in tuo nomine [sed et][a] rerum tuarum, uti maiora, ita et meliora. Namque inter tot fragores armorum et tumultuantis Italiae strepitus, curasque a meis finibus arcendorum quoquo modo hostium, suffurati non nihil otii sumus ut haec nostra de imaginatione meditata conscriberemus, futura fortasse lectoribus (si qui erunt) non inutilia, nisi et ipsa nos imaginatio nostra fefellerit.

Reliquum est, maxime Caesar, qua te fide et pietate possum, deprecer, ut sanctissimum illud propositum tuum vindicandae in pristinam libertatem Christianae rei publicae quam citius fieri possit, adimpleas. Concutitur ab externis hostibus, ab internis laceratur; et Jesu Christi, domini nostri, sanguine circumseptum et consecratum ovile peius multo perpessum est, indiesque patitur, a lupis sub ovina quam sub propria pelle grassantibus. Age igitur jam, Caesar optime, et excitis qua ratione potes Christianis regibus. Te Christo, regum omnium regi, oves suas tam ab hostibus quam a perfidis pastoribus jam jam liberaturo, fidum ministrum exhibe.

Mirandulae Kalendis Decembribus, anno ab Christi incarnatione millesimo quingentesimo.

---

[a] Sed et VS.

Auch wenn sich mir im Augenblick nichts anbietet, was Deiner würdig wäre, glaube ich doch, daß Dir die Zueignung einiger neuer Studien — wie groß oder gering auch ihr Wert sein möge — nicht unwillkommen wäre; ich möchte Dir daher dieses Buch zusenden und unter dem Schutz Deines Namens veröffentlichen, wobei ich wünsche, daß Dir dies nicht nur als Zeichen meiner Treue und Ehrerbietung, sondern auch als Garantie dafür gelten möge, daß ich mit Deiner Zustimmung einmal Deine größten und besten Taten darstellen werde. Inmitten des Waffenlärms, im Chaos des in Italien herrschenden Aufruhrs und in der Sorge, die Feinde von meinem Territorium fernzuhalten, habe ich mir ein wenig Zeit genommen, um die folgenden Gedanken über die Phantasie niederzuschreiben. Sie werden, wenn mich meine eigene Phantasie nicht täuscht, für spätere Leser (sofern es solche geben wird) vielleicht von einigem Nutzen sein.

Es bleibt mir noch, Dich, höchster Kaiser, soweit ich das in aller Treue und Demut vermag, zu bitten, doch Deinen heiligen Vorsatz auszuführen und dem christlichen Staat so schnell wie möglich seine frühere Freiheit wiederzugeben. Dieser Staat ist von äußeren Feinden bedroht und von inneren Feinden zerrissen. Die vom Blut Christi, unseres Herrn, zusammengehaltene und geweihte Herde erlitt und erleidet immer noch täglich viel Schlimmeres durch jene Wölfe, die im Schafspelz auftreten, als durch jene, die in ihrem eigenen Wolfsfell umherstreunen. Daher handle jetzt, bester Herrscher, und rufe die christlichen Herrscher mit allen Mitteln auf! Erweise Dich als treuer Diener Christi, des Königs aller Könige. Er wird seine Herde bald von allen Feinden und treulosen Hirten befreien!

Mirandola, 1. Dezember 1500 nach Christi Geburt.

PICUS DE IMAGINATIONE

[I]

De Imaginationis Nomine, et quod Varie appellata est et Quas ob Causas. Caput primum.

Scripturis nobis de imaginatione, id recto ordine discutiendum occurrit, quid hoc ipso imaginationis nomine significetur, ut facilius commodiusque de eius essentia et proprietatibus vitiisque et remediis disseramus. Ea igitur animae vis, quam Graeci φαντασίαν nuncupant, Latine imaginatio dicitur, idque nomen de officio sortita est, ex imaginibus scilicet, quas concipit et effingit in sese. In eam namque advehuntur per quinque exteriorum sensuum instrumenta—visum, auditum, olfactum, gustum, tactum—rerum quae forinsecus sunt similitudines speciesve, imaginationum seges uberrima. Quicquid enim sub sensum cadit, hoc est, corporeum omne quod cerni, quodve ullo sensu sentiri potest, similitudinem atque imaginem sui quantum potest effundit ad imitationem[a] incorporeae spiritalisque naturae; quae vires suas inferiori mundo communicat ad imitationem ipsius Dei, qui bonitate sua infinita longe lateque diffusa condidit et conservat universa. Bonitatis enim proprium communicare se; nec aliam reddidit Plato rationem cur Deus mundum condidisset, nisi quia bonus erat. Sed de his hactenus, quandoquidem non eorum hic locus.

Quoniam autem de sensu phantasia proficiscitur, ut mox explicabitur, visusque sensuum omnium praecipuus est, ob id vis haec animae apud Graecos, Aristotele auctore, phantasiae nomen de lucis videlicet argumento obtinuit, sine qua videre non est. Phantasia siquidem, ut Suidas refert, quasi φαοστασία[a] τις, est enim inquit phantasia ἡ τῶν φανθέντων στάσις; nostra autem potestatis huius nomenclatura tam potestatem ipsam denotat, quam eius actum, quem solum Graecorum nuncupatio videtur significare. Ea ipsa a Platone quandoque pictura appellata est, idque propterea crediderim, quod in eius sensorio pingantur rerum species, afformenturque effigies variae proque voto fabricentur, non secus ac varias difformesque rerum formas pictores delineent.

---

[a] Imaginationem V.

ÜBER DIE VORSTELLUNG

I.

Der Begriff der Vorstellung. Seine verschiedenen Bedeutungen. Die Gründe dafür

Es ist methodisch zweckmäßig, am Beginn unserer Abhandlung über die Vorstellung zunächst zu klären, was dieser Begriff *imaginatio* eigentlich bezeichnet. Wir können dann nämlich das Wesen und die Eigenschaften der Vorstellung sowie ihre Schwächen und die Möglichkeiten, diesen Schwächen zu begegnen, leichter und der Sache angemessener erörtern. Jene psychische Fähigkeit, die die Griechen als *phantasia* bezeichnen, nennt man — nach den Bildern *(imagines)*, die aufzunehmen und zu bilden ihre Funktion ist — im Lateinischen *imaginatio*. Diese nimmt — vermittelt durch die fünf äußeren Sinnesorgane: Gesicht, Gehör, Geruch, Geschmack, Tastsinn — die Ähnlichkeiten oder Abbilder äußerer Dinge und mit ihnen einen überaus reichen Ertrag an Vorstellungen in sich auf. Denn alles, was zum Gegenstand der Sinneswahrnehmung wird, also alles Körperliche, das wahrgenommen und von einem der Sinne erfaßt werden kann, produziert, seinen Möglichkeiten entsprechend, in Nachahmung der unkörperlichen, geistigen Natur ein ihm Ähnliches und Abbild seiner selbst. Die geistige Natur wiederum teilt — in Nachahmung Gottes, der in unbegrenzter, alles erfassender Güte alles geschaffen hat und ständig erhält — ihre Kräfte der niedrigeren Welt mit. Denn das Sichmitteilen gehört zum Wesen der Güte, weshalb auch Platon die Schaffung der Welt allein mit der Güte Gottes begründet.[1] Aber hiervon zunächst genug, da hier nicht der Ort ist, darüber zu sprechen.

Da nun aber — wie wir gleich zeigen werden — die Vorstellung aus den Sinnen entspringt und von allen Sinnen der Gesichtssinn am wichtigsten ist, bezeichneten die Griechen diese Fähigkeit der Seele — laut Aristoteles[2] — wegen ihrer engen Beziehung zum Licht (phos), ohne das ja der Gesichtssinn nichts wahrnehmen kann, als *phantasia*. Auch nach Suidas ist die *phantasia* gleichsam ein »Zustand des Lichts«, nämlich der »Zustand der ins Licht gerückten Dinge«. Die lateinische Bezeichnung für diese Fähigkeit bezieht sich dagegen sowohl auf die Fähigkeit selbst als auch auf ihre Aktualisierung, die allein Gegenstand der griechischen Bezeichnung zu sein scheint. Platon nannte sie mitunter »Malerei«[3], ich glaube deshalb, weil die Abbilder der äußeren Dinge in ihr gleichsam gemalt und ihre verschiedenen Erscheinungen geformt und nach Wunsch gestaltet werden, genau so wie auch die Maler, die verschiedene, voneinander abweichende Formen der Dinge abmalen.

---

[1] *Timaeus* 30.
[2] *De anima* 429 a 3.
[3] *Philebus* 39 d.

[II]

Quod Varia de Imaginationis Natura a Philosophis Scripta sunt.
Item Differt Eam a Sensu, Opinione, Ratione, Intellectioneque. Caput
Secundum.

De ipsius autem imaginationis natura veteres olim scriptores
non consenserunt. Eorum enim perpauci inter eam atque alias
animae vires discrimen posuere. Nam et Homerus et Empedocles
aliique non modo ab imaginatione sensum non dirimebant, sed
ne a mente quidem atque intellectu, qui imaginativa potestate
sublimior multo altiorque est, quam inferior sit sensus vi phantastica. Plato vero (quod ei Themistius aliique et Graeci et
Arabes philosophi ascribunt) eam non sensum modo, sed sensus
etiam opinionisque complexionem arbitratus est esse. His vero
omnibus Aristoteles quique eum secuti refragantur, exquisitis-
simis speculationibus decernentes differre imaginationem a sensu
opinioneque, atque ab intellectualis animae potestatibus,
utpote quae propriam in animali sedem propriasque functiones
sortiatur.

Sensus enim si proprii sensilis species per instrumenta quae
affecta aut laesa non sint interstitio justo in se suscipiat, verus
est. Imaginatio vero vana plurimum et oberrans; cuius com-
ponendi* gratia instans commentandi negotium suscepimus.
Et ille quidem praesentibus, dumtaxat sensilibus, fit, a quibus
scilicet excitatur exsurgitque et evadit actu, qui prius potentia
quiescebat; haec vero abdicata etiam et remota re sensili munus
obit suum. Quin immo et ea non modo quae fuere jam concipit,
sed quae futura aut suspicatur, aut credit, et quae etiam a parente
natura gigni non posse praesumit; quorum nihil ad sensum, cuius
partes apprehendere retentareque praesentium rerum similitudines. In somnis praeterea imaginamur, non autem sentimus.
Ad haec qui excaecati sunt per imaginationem colores, per sensum
autem utpote capti oculis minime percipiunt. Animalia sine
phantasia nonnulla, sine sensu nulla visuntur. Rursus, cum rem
quampiam certe sentimus, non dicimus eam nobis videri; cum

---

* componende VS.

II.

Daß die Philosophen Unterschiedliches über die Natur der Vorstellung geschrieben haben, ebenso daß sie von den Sinnen, der Meinung, der Ratio und dem Intellekt verschieden ist.

Unter den antiken Schriftstellern gibt es keine einstimmige Auffassung über die Natur der Vorstellung. Nur sehr wenige von ihnen machen nämlich zwischen ihr und anderen psychischen Fähigkeiten überhaupt einen Unterschied. So haben z.B. Homer, Empedokles und andere[4] die Vorstellung nicht von den Sinnen, ja nicht einmal vom Geist und vom Intellekt unterschieden, obwohl doch der Intellekt im Vergleich zur vorstellenden Fähigkeit ebenso eine viel höhere wie die Sinne eine niedrigere Fähigkeit sind als die Kraft der Phantasie. Platon aber hielt sie — nach Auffassung des Themistius und anderer griechischer und arabischer Philosophen — nicht allein für ein Sinnesorgan, sondern für eine Verbindung aus Sinneswahrnehmung und Meinung.[5] Ihnen allen widersprachen Aristoteles und seine Nachfolger, indem sie nach äußerst gründlichen Überlegungen zu der Feststellung kamen, daß sich die Vorstellung ebenso von Sinneswahrnehmung und Meinung wie von den Fähigkeiten der intellektuellen Seele unterscheide[6], so daß ihr ein eigener Sitz und spezifische Funktionen im Lebewesen zuzusprechen seien.

Der Sinn ist nämlich, wenn er die ihm eigenen Sinneserscheinungen mit Organen, die weder gestört noch verletzt sind, aus der richtigen Entfernung aufnimmt, wahr. Die Vorstellung dagegen ist oft nichtig und unstet — ein Sachverhalt, um dessentwillen wir die Untersuchung der vorliegenden Schrift unternommen haben.

Die Sinneswahrnehmung nämlich entsteht, wenn Objekte gegenwärtig sind, die sinnlich wahrnehmbar sind. Der Sinn, der vorher in seiner Potentialität ruhte, wird von ihnen erregt, erwacht aus seiner Ruhe und tritt in Aktualität. Die Vorstellung dagegen arbeitet auch dann, wenn gar kein sinnliches Objekt mehr vorhanden ist.[7] Ja, sie erfaßt nicht nur das Vergangene, sondern auch, was sie für die Zukunft vermutet oder glaubt, und nimmt sogar etwas an, was von der Natur gar nicht geschaffen werden kann. Das alles vermag die Sinneswahrnehmung nicht, deren Funktion es ist, die Ähnlichkeiten gegenwärtiger Dinge aufzunehmen und festzuhalten. Außerdem haben wir im Traum Vorstellungen, nehmen aber nicht wahr. Weiter erfaßt, wer erblindet ist, Farben zwar in der Vorstellung, nicht aber durch den Sinn, da er ja des Augenlichts beraubt ist. Unter den Tieren gibt es einige ohne Vorstellung, aber keines ohne Sinneswahrnehmung. Wenn wir schließlich mit unseren Sinnesorganen etwas ganz deutlich wahrneh-

---

4 Vgl. Aristoteles, *De anima* 427 a 21.
5 Vgl. *Sophistes* 264 b.
6 *De anima* 428 a ff.
7 Vgl. Aristoteles, *De anima* 428 a 16.

imaginamur autem hoc loquendi modo utimur. Quibus liquet sensum ab imaginatione differre.

Ab opinione item, rationeque, atque intellectione separari eam facile, uti arbitror, apparebit, si harum officia per se singillatim examinaverimus. Utitur anima virtute phantastica ad concipiendum proponendumque intellectui sensibilium tantummodo rerum similitudines. Utitur ratione ad inquirendum de eis arbitrandumque quae a corporeis etiam sequestrantur. Utitur intellectu ad contemplanda intelligibilia non a materia modo, sed ab omni materiae similitudine prorsus abjuncta. Opinatur autem anima, cum ex contrariis ratiocinationibus anxia deligit (quamquam non sine formidine decernendae falsitatis) in utram oblatae staterae lancem potius sibi vergendum sit, ut veri notitiam consequatur. Jam imaginari possumus pro arbitrio etiam quae non sunt, neque esse possunt; opinari autem vel scire factu impossibilia in nostra potestate non est. Cum terrificum item aliquod opinamur, metu concutimur; cum imaginamur, non magis afficimur quam si picturam aliquam horribilem contemplaremur, nisi eam imaginationem opinio consequatur. Brutis demum condonatum a natura est ut visis et imaginationibus polleant; solus ex omnibus animantibus homo ratiocinatur, opinatur, intellegit.

[III]

In quo Conveniat Imaginatio aliis animae Viribus; in quo ab eis Dissideat. Caput III.

Sed enim, quamquam ab eis quas memoravimus animae potestatibus imaginatio distat, non ea tamen intercapedine disjungitur ut nihil cum eis habeat commercii, sed eo usque proxima est, ut ex affinitate alterum saepe pro altero a philosophis boni nominis desumptum sit. In confinio namque intellectus et sensus posita est et medium inter utrumque locum tenet, et sequitur quidem sensum, cuius actu paritur; intellectionem autem

men, so sagen wir niemals: »Das scheint uns so«; wenn wir uns aber etwas vorstellen, benutzen wir diese Redewendung.

Aus all dem geht hervor, daß Vorstellung und Sinneswahrnehmung sich voneinander unterscheiden. Daß sie ebenso von Meinung, Ratio und Intellekt unterschieden ist, wird — wie ich glaube — bald einleuchten, wenn wir ihre Funktionen einzeln untersuchen. Die Seele bedient sich des phantastischen Vermögens nur, um die Ähnlichkeiten sinnlicher Gegenstände aufzunehmen und sie dem Intellekt vorzulegen. Sie bedient sich der Ratio zur Erforschung dieser Ähnlichkeiten und zur Beurteilung dessen, was vom Körperlichen getrennt ist. Sie bedient sich des Intellektes zur Betrachtung des Intelligiblen, das nicht nur von der Materie, sondern auch von jeder Ähnlichkeit mit der Materie völlig getrennt ist.[8]

Im Zustand des Meinens ist die Seele jedoch, wenn sie (nicht ohne Furcht, sich falsch zu entscheiden) im Angesicht von sich widersprechenden Argumenten vorsichtig abwägt, welcher der beiden Waagschalen sie sich zuwenden soll, um zur Erkenntnis der Wahrheit zu gelangen. Vorstellen können wir uns nach Belieben Dinge, die nicht existieren und auch nicht existieren können, zu meinen aber oder zu wissen, was faktisch unmöglich ist. steht nicht in unserer Macht. Wenn wir meinen, daß etwas Schreckliches bevorsteht, ergreift uns Furcht. Stellen wir uns aber etwas Schreckliches vor, so werden wir davon nicht stärker betroffen, als wenn wir irgendein schreckliches Bild betrachten, es sei denn, diese Vorstellung führe uns zu einem Meinen. Tieren schließlich ist von Natur gegeben, starke Visionen und Vorstellungen zu haben, nur der Mensch besitzt unter allen Lebewesen die Fähigkeit der Ratio, der Meinung und des Intellekts.

III

Worin die Vorstellung mit anderen Vermögen der Seele übereinstimmt und worin sie sich von ihnen unterscheidet

Obwohl sich die Vorstellung von den eben genannten Fähigkeiten der Seele unterscheidet, so ist doch der Unterschied nicht so groß, daß sie zu diesen Fähigkeiten überhaupt keine Verbindungen hätte. Sie steht ihnen vielmehr so nahe, daß selbst angesehene Philosophen sie eben wegen dieser Nähe oft mit einer der anderen Fähigkeiten verwechselt haben. Die Vorstellung steht nämlich an der Grenze zwischen Intellekt und Sinneswahrnehmung; ihr Platz ist genau zwischen diesen beiden: Sie folgt auf die Sinneswahrnehmung, aus deren Aktualität

---

8 Vgl. Boethius, *Philosophiae consolatio* (ed. L. Bieler, Corpus Christianorum, s. Latina XCIV, Turnhoult 1957), V, 4, 27 ff. Zur Unterscheidung zwischen Intellekt und Ratio im Mittelalter vgl. A. Schneider, *Die Psychologie Alberts des Großen* (Beitr. Gesch. d. Phil. d. M. A. 4.5), Münster 1903, 254.

antecedit. Cum sensu coit quia et particularia, quemadmodum ille, et corporea et praesentia percipit; praestat illi quia, nullo etiam movente, prodit imagines, nec praesentes modo, verum et praeteritas et futuras, et quae etiam promi a natura in lucem nequeunt. Consentit ei quia sensilibus speciebus pro objectis utitur. Eum vero praecellit, quoniam eas quae a sensu derelictae sunt, ipso etiam cessante, et sequestrat invicem pro arbitrio et copulat; quod fieri a sensu nullo pacto potest.

Intellectui convenit utpote quae libera, vaga, nullique rei peculiariter addicta. Praecellitur autem quoniam sensilia particulariaque tantum concipit et effingit; ille praeter haec universalia et intellegibilia, abque omni materiae contagio defaecata.

In foedus praeterea superiorum omnium virium venit, quandoquidem officio eo quod sibi natura impertiit frustrarentur, imaginatione non suffragante adminiculanteque. Neque enim aut opinari, aut scire, aut intellegere anima corpori alligata quicquam posset, nisi ei phantasia species ipsas identidem ministraret.

[IV]

Quid sit Imaginatio; item de Quaestionibus nonnullis quae praetermittuntur, et quam ob causam. Caput Quartum.

Satis jam, ut puto, quantum ad praesens attinet negotium, ostensum est quid imaginationis nomine significetur, quod ea cum aliis animae aut viribus aut actibus vel commercium habeat, vel dissidium. Quibus vero ea curiosius perquirere mens est, et Aristotelis et aliorum, qui eo duce philosophati sunt, commentationes De Anima et legendae et addiscendae sunt. Hoc etenim loco satisfactum fore putaverim, si ex iis quae in medium attulimus, descriptiones definitionesque eius asciverimus; ut sit imaginatio motus is animae quem sensus, in actu positus, parit; sit animae vis quae formas promat ex sese; sit omnibus viribus potestas agnata; effingat omnes rerum similitudines impressionesque virium aliarum transmutet in alias; sit potentia assimilandi cetera ad se ipsum. Quae aut omnia aut plurima, cum

sie entspringt, und geht der Tätigkeit des Intellekts voraus. Mit der Sinneswahrnehmung stimmt sie insofern überein, als sie — genau wie diese auch — Einzelnes, Körperliches und Gegenwärtiges aufnimmt; sie geht aber über die Sinneswahrnehmung hinaus, insofern sie ohne äußeren Anstoß Bilder produziert, die nicht nur Gegenwärtiges, sondern auch Vergangenes und Zukünftiges, ja sogar etwas, das von der Natur nicht geschaffen werden kann, zum Inhalt haben. Weiterhin stimmt sie mit der Sinneswahrnehmung darin überein, daß ihre Objekte sinnliche Abbilder sind. Insofern sie aber das von der Sinneswahrnehmung hinterlassene Material an Eindrücken noch nach dem Aufhören des Wahrnehmungssprozesses nach Belieben verknüpft und trennt, ist sie der Sinneswahrnehmung überlegen; denn das könnte die Sinneswahrnehmung niemals leisten.

Mit dem Intellekt verbindet die Vorstellung die Tatsache, daß auch sie frei, ungebunden und auf keine speziellen Objekte fixiert ist. Der Intellekt aber übertrifft sie insofern sie lediglich Sinnliches und Einzelnes aufnimmt und gestaltet, während er darüber hinaus auch Allgemeines und Intelligibles und von jeder Gemeinsamkeit mit der Materie Gereinigtes aufzunehmen und zu gestalten vermag.

Außerdem verbindet sich die Vorstellung mit allen höheren Vermögen, da diese die ihnen von der Natur zugeteilten Funktionen gar nicht erfüllen könnten, wenn sie dabei nicht von der Vorstellung unterstützt würden. Denn die an den Körper gebundene Seele wäre unfähig, irgend etwas zu meinen, zu wissen oder zu erkennen, wenn ihr nicht die Phantasie die dazu notwendigen Abbilder vermitteln würde.

IV

Was die Vorstellung ist. Ebenso über einige Fragen, die übergangen werden und warum sie übergangen werden

Ich glaube, es ist — zumindest für unser Vorhaben — hinreichend gezeigt worden, was der Begriff »Vorstellung« bezeichnet und worin ihre Übereinstimmung bzw. Nichtübereinstimmung mit anderen Fähigkeiten und Tätigkeiten der Seele besteht. Wem jedoch der Sinn danach steht, diesen Fragen noch gründlicher nachzugehen, der lese und studiere die Ausführungen über die Seele von Aristoteles und denen, die in seiner Nachfolge philosophiert haben. An dieser Stelle dürfte es genügen, wenn wir aus dem, was bisher gesagt wurde, die folgenden Beschreibungen und Definitionen der Vorstellung anführen: nämlich, daß die Vorstellung jene Bewegung der Seele ist, die der Akt der Wahrnehmung verursacht, daß sie das Vermögen der Seele ist, das Formen aus sich selbst hervorbringt, daß sie eine Fähigkeit ist, die mit allen Vermögen in Beziehung steht, daß sie alle Ähnlichkeiten der Dinge gestaltet und die Eindrücke der anderen Vermögen in andere verwandelt, daß sie eine Fähigkeit ist, sich alles übrige zu assimilieren. Al-

a Peripateticis, tum etiam a Platonicis abunde vestigata et reperta sunt.

Sed neque is quaestionis eius discutiendae locus, quae plurimos angit, sitne imaginatio a memoria et sensu communi et existimativa seu cogitativa virtute diversa, ut Thomas et Latini fere Aristotelis interpretes decrevere, an potius, ut alii, praesertim Alexander Aphrodiseus in institutione De Anima (quam e Graeca in Latinam linguam Hieronymus Donatus praeclaro vir ingenio et eleganti doctrina convertit), et Themistius in libris et De Memoria et De Insomniis voluere, sit unica tantum sensualis animae potestas, quae modo sensus communis, modo imaginariae facultatis, modo memoriae nomen pro functionum diversitate obtineat.

Praetereunda quoque nobis et illa quaestio est, quae plurimos torsit: de loco et sede imaginariae potestatis. Siquidem cor ei Aristoteles tribuit, Galenus cerebrum, Arabs Averroes,[a] inter utrosque medius, procedere imaginandi vim de cordis regia dixit, et in capitis arcem conscendere, inibique sedem sibi domiciliumque constituere, sequestrandae etenim nobis ad praesens concertationes eius modi, tum ob earum difficultatem (ardua quippe eius modi perquisitio, nam, cum ipsa imaginatio intervallum sit incorporeae corporeaeque naturae, mediumque per quod conjunguntur, difficile est, ut inquit Synesius, naturam eius philosophia comprehendere), tum quia exactissime etiam pervestigata atque comprehensa huiusce modi veritas plus nimio proposito operi non conduceret. Illud enim quod plurimum habet momenti, immo fundamentum est susceptae commentationi, pro liquido et confesso apud philosophos et theologos est, haberi animae vim quae rerum similitudines et concipiat et effingat, et discurrenti rationi contemplantique intellectui sub-

a Averrois VS.

les das oder doch das meiste davon haben die Peripatetiker und auch die Platoniker hinreichend untersucht und geklärt.

Es ist hier nicht der Ort, jene Fragen zu diskutieren, die sehr viele beunruhigt: ob nämlich die Vorstellung sich — wie Thomas[9] und die lateinischen Aristoteleskommentatoren meinen — vom Gedächtnis, vom Gemeinsinn und von der Urteils- und Denkfähigkeit unterscheidet, oder ob es in der sinnlichen Seele nur eine einzige Fähigkeit gibt, die ihrer jeweiligen Funktion entsprechend bald als Gemeinsinn, bald als Vorstellung, bald als Gedächtnis bezeichnet wird, wie unter anderen Alexander von Aphrodisias in seiner Schrift *De anima*[10] meint (die von Hieronymus Donatus, einem Mann von großem Geist und erlesener Bildung aus dem Griechischen ins Lateinische übersetzt wurde[11]) und ebenso Themistius in seinen Schriften *Über das Gedächtnis*[12] und *Über die Träume*[13].

Wir müssen hier auch die Frage übergehen, die ebenso viele beunruhigt hat, wo die Fähigkeit der Vorstellung ihren Sitz hat. Aristoteles nämlich verlegte sie ins Herz[14], Galen ins Gehirn[15], der Araber Averroes[16] nimmt eine mittlere Position ein, wenn er sie aus dem Palast des Herzens hervorgehen, dann aber zu den Zinnen des Hauptes aufsteigen[17] und erst dort Sitz und Wohnung nehmen läßt. Auf solche Diskussionen können wir uns im Augenblick nicht einlassen. Einmal sind sie sehr diffizil (eine solche Untersuchung ist deshalb sehr schwer, weil die Vorstellung dem Zwischenreich der unkörperlichen und der körperlichen Natur angehört und das Medium ist, das beide verbindet, und es daher, wie Synesius[18] sagt, eine schwierige philosophische Aufgabe ist, ihre Natur zu erfassen) und andererseits trägt eine solche Wahrheit, selbst wenn sie exakt untersucht und erfaßt ist, nicht allzuviel zu unserem Vorhaben in diesem Werk bei. Das, was für uns am wichtigsten ist, ja was sogar die Grundlage unserer Untersuchung ist, wird weder von Philosophen noch von Theologen bestritten: daß es nämlich eine Fähigkeit der Seele gibt, die die Ähnlichkeiten der Dinge aufnimmt und gestaltet und sie dem diskursiven Denken und dem betrachtenden Intellekt

---

9 Vgl. Thomas von Aquin, *Summa Theologica* p. I, q.78, art. 4.

10 Alexandri Aphrodisiensis *De anima cum mantissa*, ed. I. Bruns (Suppl. Aristotelicum II,1) Berlin 1887.

11 Alexandri Aphrodisei *Enarratio de anima ex Aristotelis institutione* interprete Hieronymo Donato Patritio Veneto, Brescia 1495 u.ö.

12 Themistii *Paraphrases Aristotelis Librorum quae supersunt* ed L. Spengel, Leipzig 1866, Bd. 2, 233 f.; 240 f.

13 Ebd. 277; 288.

14 Vgl. Aristoteles, *De partibus animalium* 647 b.

15 Vgl. Claudii Galeni *Opera omnia* ed. C.G. Kühn, Leipzig 1821—33, Bd. 3, 615; 700; Bd. 5, 521; 606; 649; Bd. 6, 73; Bd. 8, 159; 174ff.; Bd. 10, 636.

16 Vgl. Aristotelis Stagiritae *Omnia quae extant opera* (Averrois Cordubensis in ea opera *Omnes qui ad nos pervenere Commentarii*), Venedig 1560, Bd. 9: Averrois *Colliget libri septem* nuper diligentissime castigati II, 11.

17 Vgl. ebd. 81; 83; 85.

18 Synesius, *De insomniis* 4, ed. Migne, P.G. 66, 12; 92.

ministret et serviat; cui phantasia sive imaginatio nomen sit positum. Pridem enim Avicennae explosa sententia est, qua phantasticam vim ab imaginaria diremit, et illa quoque eiusdem a bene audientibus philosophis exsibilata, quae illi potestatem et efficaciam supra naturae vires tribuebat.

[V]

Animalium omnium Vitam atque Actiones magna ex parte Imagina-tionibus Regi. Caput Quintum.

Ab hac animae potestate non brutorum modo animantium actiones, sed et ipsius hominis vita plurimum pendet. Cum enim ad operandum moveatur nemo, nisi aut veri aut apparentis boni consequendi gratia, appetitusque ipse de cognitione pendeat (qui enim fieri potest ut appetamus incognita?), fateri opus est de ipsa notitia et desiderium potiundae rei produci, quam bonam credidimus, et vim motivam, qua voti animal fiat compos, ex-citari ab ea quodammodo et impelli. Quoniam autem e sensu cognitio proficiscitur, ut ab Aristotele multifariam prolatum est, et continua philosophantium successione receptum, sensusque ipse rei sensilis specie informatus ad phantasiam statim recurrit quasique in ea reponit quicquid forinsecus hauserit, imaginesque ipsae diutissime inibi permanent, et perpetuis sensibus simillimae sunt, corrogari oportet ex phantasiae imaginationisve natura animantium omnium operationes derivari. Siquidem bruta, ut mittamus auctoritatem Aristotelis in primo Metaphysices libro decernentis, quod memoriis videlicet et imaginationibus vivant, nil ea praeclarius altiusque possident. Cum enim per quinque exteriora instrumenta, quae modo sensus apparitores, modo janitores, modo canaliculi sensilis spiritus appellantur, deprompta ex rebus sensilibus species ad eam pervenerit, receptui canitur.

Homini autem contingit, ut magna ex parte imaginationem sequatur. Quod, praeter ipsam experientiam, Aristotelis etiam

vorlegt, und daß diese Fähigkeit Phantasie oder Vorstellung genannt wird. Denn die These Avicennas[19], wonach Phantasie und Vorstellung verschiedene Fähigkeiten seien, ist längst widerlegt worden; und auch jene seine These, die der Phantasie eine übernatürliche Macht und Wirksamkeit zuspricht, haben anerkannte Philosophen zurückgewiesen.

V

Das Leben und Verhalten aller Lebewesen wird weitgehend von Vorstellungen geleitet

Nicht nur das Verhalten der Tiere, sondern auch das Leben der Menschen wird weitgehend von diesem Vermögen der Seele bestimmt. Da nämlich niemand zum Tätigsein bewegt wird, es sei denn, um ein wirkliches oder scheinbares Gutes zu erlangen, und da das Begehren selbst von der Erkenntnis abhängt (denn wie könnten wir etwas begehren, das wir gar nicht kennen?), so muß man zugeben, daß eben diese Erkenntnis den Wunsch hervorruft, eine Sache, die wir für gut halten, zu besitzen, und daß sie in gewisser Weise die bewegende Kraft weckt und lenkt, durch die ein Lebewesen sich dessen, was es begehrt, bemächtigt. Da nun wiederum — wie Aristoteles[20] wiederholt behauptete und wie es auch von späteren Philosophen immer wieder bestätigt wurde — die Erkenntnis aus der Sinneswahrnehmung hervorgeht und die Sinne sich, sobald sie durch das Abbild eines Gegenstandes affiziert worden sind, an die Phantasie wenden und in ihr gleichsam niederlegen, was sie von außen aufgenommen haben, und da schließlich die Bilder selbst sehr lange in der Phantasie bleiben und ständigen Sinneswahrnehmungen sehr ähnlich sind, so muß man daraus schließen, daß die Handlungen aller Lebewesen in der Phantasie oder Vorstellung ihren Ursprung haben. Die Tiere nun — um die Autorität des Aristoteles anzuführen, der im ersten Buch der Metaphysik[21] erklärt, daß sie nach dem Gedächtnis und den Vorstellungen leben — haben nichts, was über diese Fähigkeit hinausgeht. Sobald nämlich ein von den sinnlichen Gegenständen abgenommenes Abbild durch die fünf Sinnesorgane, die man auch Diener oder Pförtner der Sinne oder Kanäle des sinnlichen Geistes nennt, bis zur Vorstellung gelangt ist, wird der Prozeß abgebrochen.

Es ergibt sich aber, daß auch der Mensch weitgehend der Vorstellung folgt, wie wir aus eigener Erfahrung und auch aus Aristoteles[22] wissen. Es geschieht

---

19 Vgl. Avicenna, *Liber de anima seu sextus de naturalibus IV, 1*, ed. S. van Riet, Louvain/Leiden 1968 (Avicenna Latinus). Vgl. auch Thomas von Aquin, *Summa Theologica* p. I, q. 78, obj. 6.
20 Vgl. Aristoteles, *De anima* 432 a 7 ff.
21 Aristoteles, *Metaphysica* 980 b 25 ff.
22 Aristoteles, *De anima* 429 a 4 ff.

auctoritate didicimus. Accidit enim plerumque ut eius ratio aut praepediatur morbo, aut somno detineatur, quae licet obfuscaretur ⟨non⟩'numquam. Ob id tamen, quod necesse est eum qui ratiocinatur et intellegit, eodem Aristotele auctore, phantasmata speculari, fatendum nobis actiones nostras de eius potestatis ingenio plurimum dependere. Per imaginationem enim ad praesens intellego omnem sensualis animae interiorem vim, quibuscumque ea nominibus ab aliis censeatur.

[VI]

Quam necessaria homini Imaginatio, et quod ex ea tum Bona, tum Mala, oriri possunt, inibique quo Pacto, quove Ordine Intellegamus. Caput Sextum.

Imaginationem igitur non temere sed consultissime homini datam existimandum est. Cum enim ex rationali anima et corpore constituatur quasique compaginetur homo, differatque plurimum a terrena mole corporis spiritalis animae substantia, ex re fuit ut extrema medio opportuno conjungerentur, quod utriusque quodam modo naturam saperet, et per quod officiis anima etiam unita corpori fungeretur. Quid enim commercii rationalis pars cum stupida habitura esset, nisi phantasia intermedia, quae inferiorem naturam et praepararet ei quodam modo et cognoscendam apponeret? Ubi namque imaginatio rerum species recepit a sensibus, retinet in se, purioresque effectas offert agenti intellectui, qui suo lumine collustrans ab eis intellegibiles species abstrahit, quas in intellectum potentiae reponit, qui eis postea informatur atque perficitur.

Est enim rationalis anima, cum in corpus infunditur, veluti nuda tabula, in qua nihil pictum, nihil delineatum est. Quo fit ut nihil cognoscat ex sese, sed omnem suam notitiam scientiamque ex sensibus phantasia intermedia nanciscatur.

Hoc Aristoteles ipse et qui eum secuti Parisienses theologi una voce pronuntiarunt, quamquam Plato et nonnulli etiam Peripatetici aliter sensisse videntur, quorum opinio, etiam si veritate fulciretur, nihil propositae quaestioni officeret. Nam etsi animam notionibus insculptam descendere in corpus Platonici

---

ᵃ non: om. VS; Pico folgt jedoch Aristoteles, *De anima* 429 a 27.

nämlich häufig, daß die Ratio des Menschen, auch wenn sie sonst niemals verdunkelt wurde, durch Krankheit beeinträchtigt oder durch Schlaf ausgeschaltet wird. Die Tatsache jedoch, daß, wer seine Ratio oder seinen Intellekt gebraucht, nach dem gleichen Aristoteles[23] notwendig Vorstellungen betrachtet, zwingt uns zuzugeben, daß unsere Handlungen weitgehend von der Struktur dieser Fähigkeit abhängen. Unter Vorstellung verstehe ich nämlich hier das gesamte innere Vermögen der sinnlichen Seele, gleichgültig mit welchen verschiedenen Namen es von anderen bezeichnet wird.

VI

Wie notwendig die Vorstellung für den Menschen ist und daß aus ihr Gutes wie Böses entspringen kann und wie. Oder nach welcher Ordnung wir in der Vorstellung erkennen

Wir müssen also annehmen, daß die Vorstellung dem Menschen nicht ohne Grund, sondern wohlüberlegt gegeben worden ist. Denn da der Mensch aus der rationalen Seele und dem Körper besteht und gleichsam zusammengesetzt ist, und da die geistige Substanz der Seele sich grundlegend von der irdischen Materie des Körpers unterscheidet, war es geboten, daß die Extreme durch ein geeignetes Medium verbunden wurden, das etwas von den Charakteristika beider Naturen aufweist und durch das die Seele auch in der Verbindung mit dem Körper ihre Funktionen erfüllt. Denn welche Verbindung hätte der rationale mit dem irrationalen Teil ohne die Vermittlung der Phantasie, die die niedere Natur gewissermaßen bearbeitet und für den rationalen Teil erkennbar macht? Sobald nämlich die Vorstellung von den Sinnen die Abbilder der Dinge empfangen hat, hält sie diese fest und gibt sie gereinigt an den tätigen Intellekt weiter; dieser erhellt sie mit seinem eigenen Licht und abstrahiert von ihnen die intelligiblen Abbilder; er überläßt sie dann dem potentiellen Intellekt, der durch sie ausschließlich geformt und vollendet wird.

Denn die rationale Seele ist im Augenblick ihres Eintritts in den Körper wie eine leere Tafel, auf der noch nichts gemalt oder aufgezeichnet ist.[24] Daher erkennt sie auch nichts von sich aus, sondern erlangt jede Erkenntnis und jedes Wissen durch Vermittlung der Phantasie aus den Sinnen.

Das haben Aristoteles und in seiner Nachfolge die Pariser Theologen einhellig behauptet, obwohl Platon und auch einige Peripatetiker anderer Ansicht gewesen zu sein scheinen. Aber selbst wenn deren Meinung sich auf die Wahrheit stützen sollte, würde das unsere Fragestellung nicht weiter berühren. Denn die Platoniker behaupten zwar, daß die Kenntnisse bereits in die Seele eingeschrie-

---

[23] Vgl. Anm. 20.
[24] Vgl. Aristoteles, *De anima* 429 b 31 ff.

asseverant, earum tamen oblivisci fatentur, unde ei necessarium sit sensus et phantasiae adminiculum ad reminiscendum. Verum enimvero licet necessaria sit, imaginatio bruta est tamen et recti judicii expers, nisi ducatu potentiae altioris adjuta, cui audiens hominem beat, obaudiens damnat. Nam si voluptatibus quae sensus illiciunt et ad inferna pertrahunt bene consulta restiterit, atque ad superna contenderit, rebellem sensum quamquam invitum et reluctantem eo perducet. Sin accingere se virtutis negotio renuerit sensibus obtemperans, tanta est eius vis ut et corpus afficiat et mentem obnubilet, efficiatque demum ut homo hominem exuat, et brutum induat. Qua de re non difficulter affirmare possumus, cum bona in universum omnia, tum mala, de imaginatione posse derivari.

[VII]

De Malis plurimis quae de Imaginatione prodeunt. Caput Septimum.

Sed quoniam hominum vita lubrica propensaque ad labendum et oberrandum, atque, ut sacrae litterae praemonent, ab adolescentia sua prona est ad malum, fit saepenumero ut quibus uti ad felicitatem deberemus, ad infelicitatem et miseriam abutamur. Nam si duce pergeremus lumine nobis congenito, nihil mali ex phantasiae vitiis aut aliis aut nobis cumularemus, utpote quam regeremus rationis imperio, non sequeremur, compesceremus errantem, non praecipitem impelleremus. Qui enim phantasiae dominari contendit in ea persistit dignitate in qua creatus positusque est, a qua jugiter invitatur dirigendam esse mentis aciem in bonorum omnium parentem Deum, nec ab adoptione divina in quam adscitus est ullo pacto degenerandum. Qui autem incurvi sensus fallacisque imaginationis dicto paret, amissa protinus dignitate, in bruta degenerat. Comparatus, ut ait propheta, jumentis insipientibus et similis factus illis. Sed et deterior mihi atque vilior jumentis ipsis judicandus homo videtur, qui spreto divinae maiestatis ordine, sua ipse malitia obrutescit; ad hoc enim factus,

ben seien, wenn sie in den Körper eintrete; sie geben aber auch zu, daß die Seele dieses Wissen wieder vergesse[25], so daß sie Sinne und Phantasie als Erinnerungshilfen brauche. Mag daher die Vorstellung auch notwendig sein, so ist sie doch ein recht grobes Instrument und unfähig, richtig zu urteilen, wenn ihr nicht die Führung eines höheren Vermögens zu Hilfe kommt; folgt sie diesem höheren Vermögen, so macht sie den Menschen glücklich, folgt sie ihm nicht, so führt sie ihn in die Verdammnis. Denn wenn sie sich den Begierden, die die Sinne verlocken und hinunterziehen, wohlberaten widersetzt und das Höhere anstrebt, so wird sie die sich sträubenden Sinne gegen deren Willen und Widerstand mit hinaufführen. Gehorcht sie dagegen den Sinnen und weigert sich, das Geschäft der Tugend auf sich zu nehmen, dann ist ihre Macht so groß, daß sie auch den Körper infiziert und den Geist verdunkelt und es schließlich dahin bringt, daß der Mensch seine Menschlichkeit ablegt und die Bestialität annimmt. Aus diesem Grund können wir ohne weiteres behaupten, daß sich generell alles Gute wie auch alles Böse aus der Vorstellung ableiten läßt.

VII
Über die zahlreichen Übel, die der Vorstellung entspringen

Da aber das menschliche Leben unsicher ist und zu Abwegen und Irrtümern neigt, und da es — wie die Heilige Schrift mahnend hervorhebt[26] — von Jugend an eine Tendenz zum Bösen hat, geschieht es oft, daß wir, was wir zu unserem Glück gebrauchen sollten, zu unserem Unglück und Elend mißbrauchen. Denn wenn wir uns von dem uns eingeborenen Lichte führen lassen würden, so würden wir weder anderen noch uns selbst Übel aus den Irrtümern der Phantasie anhäufen; wir würden die Phantasie, anstatt ihr zu folgen, der Herrschaft der Ratio unterordnen; wir würden sie in ihren Irrtümern bekämpfen, anstatt sie auf ihrem Weg nach unten noch anzutreiben. Denn wer die Phantasie zu beherrschen trachtet, bewahrt sich jene Würde, mit der er geschaffen und in die er hineinversetzt wurde und die ihn ständig auffordert, die Kraft des Geistes auf Gott, den Schöpfer alles Guten, zu richten und sich in keiner Weise von der Gotteskindschaft, zu der er berufen ist, zu entfernen. Wer dagegen den Einflüsterungen fehlgeleiteter Sinne und trügerischer Vorstellung folgt, verliert seine Würde und sinkt auf die Stufe des Tieres herab. Er wird, wie der Prophet sagt[27], den vernunftlosen Tieren vergleichbar und ihnen ähnlich. Aber für noch niedriger und geringer als selbst die Tiere scheint mir ein Mensch zu achten, der die von der göttlichen Majestät gesetzte Ordnung verachtet und durch seine eigene Schlechtigkeit zum Tier wird. Denn dazu ist er geschaffen und an *den* Platz in der Ord-

---

25 Vgl. Plato, *Meno* 81 ff.
26 Vgl. *Genesis* 8, 21.
27 *Psalm* 48, 13 (Vulgata).

eoque positus loco in ipso ordine universi, ut ad superna, ad Deum, conscendat, qui descendere mavult ad infima, et quae partes bestiarum sunt suae oblitus dignitatis obire. Illa quod bruta sunt, non ex culpa, sed ex propria forma obtinent. Homo autem quod brutum vita et moribus evadat, ex phantasia habet, quam sibi principem dominamque constituit; ex propria malitia habet tanto bestiis deterior, quanto divinae maiestatis ordinem destruit atque pervertit, in eam quae ad se uti ad finem proximum facta est naturam degenerans.

Jam neque difficile probatu est errata universa, quae tam in civili quam philosophica et Christiana vita contingunt, ex imaginationis vitio principia sumere. Civitatis pacem turbat ambitio, crudelitas, iracundia, avaritia, libido. Porro, ambitionis parens et alumna est imaginatio prava, quae praestare ceteris pulchrum ducit, nulla alioquin aut virtutis aut stemmatis habita ratione, quibus ii praefulgeant, quos praeire honoribus satagit qui pernicioso ambitu fervet. Crudelitatem, iram, atque iracundiam et parit et alit imaginatio ementiti boni atque fallacis, quod inesse vindictae arbitratur is qui fervido sensu et imaginatione praecipiti fertur in contumelias et vulnera et caedes. Et quid aliud inexstinguibilem auri sitim excitat? Quid libidinis ardorem incendit, et quae ob temporis brevitatem vitia reliqua mittimus in medium profert, quam deceptrix imaginatio? Quae, ratione posthabita, et injuriam justitiae, et libidinem continentiae, et mansuetudini feritatem, et liberalitati avaritiam, paci et discordiam anteponit.

Ceterum si ad philosophicae vitae functiones intuendas conversi fuerimus, nil minus incommodi videbimus ei a falsis imaginationibus provenisse. Et sane cogitanti mihi unde tam varia, tam multiplex opinionum dissensio derivaverit, quae a philosophis illis Thalete, Democrito, Empedocle, Zenone, Pythagora, reliquis ad nostra usque tempora defluxit, nihil rationabilius quam de fallaci imaginatione statuendum occurrit. Nam, ut quisque sensu et imaginatione propensus, ita eius de naturalibus moralibusque judicium est, nisi ratione moderetur. Hinc corporeae voluptati primas dabant, qui phantasia corrupta ferebantur. Hinc rerum principia atomi aquae existimabantur, et quae in philosophia cetera monstra visuntur et ortum hinc et incrementum accepere.

nung des Universums gestellt, daß er aufsteige zum Höheren, zu Gott, er, der es vorzieht, zum Niederen hinabzusteigen, um, seine Würde vergessend, jenen Platz einzunehmen, der den Tieren bestimmt ist. Die Tiere sind freilich nicht durch eigenes Verschulden tierisch, sondern auf Grund der ihnen eigentümlichen Form. Wird aber ein Mensch in seinem Leben und Verhalten zum Tier, so ist das die Folge davon, daß er sich der Herrschaft und Leitung der Phantasie unterworfen hat. Er steht durch seine eigene Schlechtigkeit umso tiefer unter den Tieren, als er die von der göttlichen Majestät gesetzte Ordnung zerstört und pervertiert und auf jene Stufe der Natur hinabsinkt, die geschaffen wurde, um in ihm ihre obere Grenze zu finden.

Es ist auch nicht schwer zu zeigen, daß alle Irrtümer, die sowohl im gesellschaftlichen als auch im philosophischen und christlichen Leben vorkommen, einem Fehler der Vorstellung entspringen. Ehrgeiz, Grausamkeit, Wut, Habsucht und Zügellosigkeit stören den Frieden einer Gesellschaft. Mutter und Amme des Ehrgeizes aber ist eine verdorbene Vorstellung: sie suggeriert, wie schön es doch sei, alle anderen auszustechen, ohne Tugend und Herkunft zu berücksichtigen, wodurch sich doch gerade jene auszeichnen, die der von verderblichem Ehrgeiz Besessene an Ehren übertreffen will. Grausamkeit, Zorn und Wut werden durch die Vorstellung eines eingebildeten und trügerischen Gutes hervorgerufen und am Leben gehalten, das jemand, der durch kochende Sinne und rasende Vorstellung zu Verbrechen, Körperverletzung und Mord getrieben, im Racheakt vermutet. Doch was, außer der Vorstellung, ruft den unstillbaren Hunger nach Gold hervor? Was entzündet die Glut der Begierde? Was bringt all die anderen Laster zum Vorschein, auf die ich hier aus Zeitmangel nicht näher eingehen will, wenn nicht die trügerische Vorstellung, die — ungeachtet der Ratio — dem Unrecht vor dem Recht, der Zügellosigkeit vor der Beherrschtheit, der Aggressivität vor der Umgänglichkeit, dem Geiz vor der Großzügigkeit, dem Streit vor dem Frieden den Vorzug gibt.

Betrachten wir nun die Bereiche des philosophischen Lebens, so werden wir sehen, daß auch ihm nicht weniger Schwierigkeiten aus falschen Vorstellungen erwachsen. Wenn ich überlege, woher die so verschiedenen und vielfältigen Gegensätze der Lehrmeinungen kommen, die mit Thales, Demokrit, Empedokles, Zenon, Pythagoras und den anderen Philosophen beginnen und bis in unsere Zeit sich fortsetzen, so scheint mir die vernünftigste Erklärung zu sein, daß sie aus den trügerischen Vorstellungen kommen. Denn in dem Maße, wie sich jemand von den Sinnen und der Vorstellung leiten läßt, fällt auch — sofern es nicht durch die Ratio modifiziert wird — sein Urteil in Fragen der Natur und der Moral aus. So gaben etwa diejenigen, die sich von einer korrumpierten Phantasie hinreißen ließen, den körperlichen Begierden den Vorrang. So hielt man die Atome des Wassers für die Grundbausteine aller Dinge. So hat alles, was es in der Philosophie sonst noch an monströsen Behauptungen gibt, hierin seinen Ursprung und Nährboden.

Animae namque cum eiusdem speciei naturaeve sint omnes, earumque intellectus et ratio abjuncta separataque suis in functionibus a corpore sint, tamquam perpetuum a corruptibili, ut in De Anima libro Aristoteles decernit, provenire opinionum fallacia ab eis non potest. Quod et Plato innuit in Phaedone, tametsi luminis innati, per quod veritas indicatur, intentio remissioque proveniat, juxta eorum sententiam qui perfectiores alias aliis animas immitti in corpora judicavere, secundum perfectiorem formati corporis ad eas suscipiendas aptitudinem. At hoc nihil ad diversitatem contrarietatemque opinionum facit, cum operationes contrariae non ex intentione remissioneque, sed de contrariis principiis, formis, speciebusve prodeant. Verum cum phantasmatibus uti eas necesse sit, dum in corpore manserint, eaque tum recta, tum distorta, tum obscura, tum lucida, tum laeta, tum tristia, et in diversis hominibus, et in eisdem etiam pro causarum (de quibus mox dicturi sumus) varietate habeantur, fateri opus est monstrosarum opinionum omnium culpas et judicii defectus omnis phantasiae vitiis extra omnem aleam ascribendas. Et cum ex eo quod quisque sibi opinione sectandum delegit ducatur fere in agendo genus humanum, corrogare etiam facile possumus ea quae patrantur peccata de imaginationis vitio plurimum pullulare. Subinde quoque colligemus Christianam vitam, quae et in credendo et in operando consistit, ab imaginatione falsa labefactari.

Qua etenim ratione probavimus vanas philosophorum opiniones ab imaginationibus falsis prodiisse, eadem quoque statim concludimus, haereses ipsas, hoc est, perversas in Christiana fide opiniones, ortum inde accepisse. Cumque itidem deductum sit ex opinionibus falsis perversas fluere operationes, eo ipso etiam deducitur perversas Christianorum operationes ex opinionibus ipsis quae de imaginationibus pendent processisse.

Sed de his satis, quo etenim pacto et fallatur et varietur imaginatio, et quibus modis eius morbis afferre opem possimus, deinceps exsequendum.

Denn da die Seelen alle von gleicher Art und Natur sind und Intellekt und Ratio in ihren Funktionen vom Körper ebenso unabhängig und getrennt sind wie das Ewige vom Vergänglichen, wie Aristoteles in seinem Buch *Über die Seele* erklärt[28], können die trügerischen Meinungen nicht aus diesen Seelenteilen stammen. Dies scheint auch Platon im Phaidon[29] anzudeuten, obwohl es eine größere und geringere Intensität des eingeborenen Lichtes, durch das die Wahrheit angezeigt wird, geben soll — in Übereinstimmung mit der Ansicht jener, die behaupteten, daß der Vollkommenheitsgrad der Seelen, die in die Körper eingesenkt wurden, je nach dem Grad der Vollkommenheit und Eignung der Körper, die zu ihrer Aufnahme geschaffen seien, variiere. Das hat aber freilich mit der Vielfalt und Gegensätzlichkeit der Meinungen nichts zu tun; denn gegensätzliche Tätigkeiten resultieren nicht aus einer größeren oder geringeren Intensität, sondern aus gegensätzlichen Prinzipien, Formen oder Abbildern. Da aber die Seelen, solange sie im Körper verbleiben, auf Vorstellungen angewiesen sind und diese nicht nur bei verschiedenen, sondern — aus einer Vielzahl von Gründen, über die gleich zu sprechen sein wird — selbst bei einem und demselben Menschen bald richtig, bald falsch, bald dunkel, bald klar, bald froh, bald traurig sind, müssen wir zugeben, daß die Schuld an all den monströsen Meinungen und an jedem falschen Urteil eindeutig den Fehlern der Phantasie zuzuschreiben ist. Und da das menschliche Geschlecht sich im Handeln weitgehend davon leiten läßt, was ein jeder sich in seinem Meinen zum Ziel gesetzt hat, können wir ebenso leicht schließen, daß auch die Sünden, die begangen werden, meist aus einem Fehler der Vorstellung entspringen. Wir folgern weiter, daß selbst das christliche Leben, das im Glauben und im Handeln besteht, von einer falschen Vorstellung erschüttert wird.

Aus dem gleichen Argument, mit dem wir bewiesen haben, daß sinnlose philosophische Ansichten auf falsche Vorstellungen zurückgehen, schließen wir auch, daß die Häresien, d.h. irrige Meinungen im Bereich des christlichen Glaubens, hierin ihren Ursprung haben. Und da wir beschlossen haben, daß aus falschen Meinungen auch perverse Handlungen folgen, können wir nun ebenso schließen, daß die perversen Handlungen der Christen aus Meinungen hervorgehen, die von Vorstellungen abhängen.

Aber davon genug, denn es muß nun geklärt werden, wie es kommt, daß die Vorstellung getäuscht wird und unterschiedlich ist und wie wir gegen ihre Krankheiten Abhilfe schaffen können.

---

28 Aristoteles, *De anima* 430 a 17.
29 Plato, *Phaedo* 93 ff.

Unde Imaginationum Varietas. Caput Octavum.

Ab his consequens est ut vestigemus quam ob rem falsae imaginationes in nobis fiant, et quid causae est, ut in diversis hominibus diversae, atque in eisdem etiam non conformes pro temporum varietate habeantur. Nam vel fieri nullo pacto, vel certe difficulter poterit, ut ad veritatis normam vitia et defectus imaginationis corrigamus, nisi eorum causas, quae removeri scilicet oporteat, medicorum rationalium more perquisitas exploratasque habuerimus. Diximus ante opinionum varietatem eiusque culpas atque rationalis animae defectus omnis ab ipsa ratione et intellectu (qua scilicet intellectus et ratio est) provenire non posse, sed ab imaginationis vitio derivari. Cur autem varietur fallaturque imaginatio, quibusque modis errata ipsius ad veri orbitam dirigenda sunt, nondum exprompsimus.

Imaginationum itaque varietas—praeter Deum, rerum omnium causam—ab ipsa corporis temperatura, a rebus sensu perceptis quibus afficimur, ab arbitrio nostro, a bonorum malorumque angelorum ministerio dependet.

Primum primitus exsequamur. Quem ad modum sanguine, pituita, bile rubra aut atra abundat quispiam, sic et eius imaginatio philosophorum medicorumque testimonio huius modi naturam sectatur, ut pro eorum diversitate ad diversas imagines—hilares, torpidas, truculentas, maestas—exstimuletur, a quibus non secus intellectus, spiritalis animae oculus, in cognoscendo variat atque decipitur ac corporeus depictis variegatisque specillis hallucinatur. Utitur namquam illis corpori junctus ad veritatem contemplandam, veluti hebeti visu oculus specillis vitreis ad rem sensilem intuendam, eoque pacto quo et oculus ipse decipitur. Si enim vitrea specilla diversis in locis ponantur, per quae ipsi oculo rei cuiuspiam imago monstretur, quamquam ea suapte natura una est, unicamque sui similitudinem proferre debet, pro speculorum tamen aut distortorum aut infectorum varietate, varias sui imagines in oculum imprimit, utpote quae aliter a cava superficie, aliter a convexa, aliter a caeruleo dehonestata, aliter a nigro deturpata reddatur. Ita et intellectui evenit quod, ei veritas ipsa quamquam suapte natura una est pura atque impermixta, ob diversa tamen contrariaque phantasmata multiplex, infecta, per-

Woher die Unterschiedlichkeit der Vorstellung kommt

Folgerichtig stellen wir zunächst die Frage, warum in uns falsche Vorstellungen entstehen und was die Ursache dafür ist, daß es nicht nur in verschiedenen, sondern selbst in einem und demselben Menschen zu verschiedenen Zeiten zur Bildung unterschiedlicher Vorstellungen kommt. Denn es ist unmöglich oder doch sehr schwer, die Abweichungen und Fehler der Vorstellung am Maßstab der Wahrheit zu korrigieren, wenn wir nicht zunächst ihre Ursachen, die es zu beseitigen gilt, wie Ärzte der Ratio untersucht und erforscht haben. Wir haben vorhin gesagt, daß die Verschiedenartigkeit der Meinungen und ihre Verfehlungen und jeglicher Defekt der rationalen Seele nicht auf Ratio und Intellekt (sofern sie Ratio und Intellekt sind) zurückgehen können, sondern sich von einem Fehler der Vorstellung herleiten. Warum aber die Vorstellung unterschiedlich ist und getäuscht wird und auf welche Weise ihre Verirrungen wieder auf den Weg der Wahrheit gelenkt werden müssen, haben wir noch nicht dargelegt.

Die Unterschiedlichkeit der Vorstellungen hängt — außer von Gott, der Ursache aller Dinge — ab vom Temperament des Körpers, von den Gegenständen, die wir durch die Sinne wahrnehmen und die uns affizieren, von unserem Urteilsvermögen und von der Unterstützung, die wir durch gute oder schlechte Engel erfahren.

Behandeln wir erst das erste. Wie Philosophen und Ärzte bezeugen, richtet sich das Wesen der Phantasie nach der im Körper vorhandenen Menge an Blut, Schleim, roter oder schwarzer Galle. Je nach deren Zusammensetzung kommt es zur Entstehung unterschiedlicher, nämlich heiterer, lähmender, grausamer, trauriger Bilder, durch die auch der Intellekt, das geistige Auge der Seele, bei seiner Erkenntnis beeinflußt und — ähnlich wie das körperliche Auge durch bemalte und verzerrende Linsen — getäuscht wird. Denn wie ein kurzsichtiges Auge zum Erfassen optischer Eindrücke sich gläserner Linsen bedient, so benutzt der mit dem Körper verbundene Intellekt zur Erkenntnis der Wahrheit die genannten Bilder, und er kann daher ebenso wie das Auge getäuscht werden. Wenn nämlich gläserne Linsen, die ja dem Auge das Bild irgendeines Gegenstandes vermitteln, verschieden eingesetzt werden, so empfängt das Auge, obwohl doch der Gegenstand immer derselbe bleibt und daher eigentlich nur ein einziges Abbild vermitteln dürfte, je nach der Krümmung oder dem Vollkommenheitsgrad der Gläser auch verschiedene Bilder: der Gegenstand wird anders durch eine konkave Linse wiedergegeben als durch eine konvexe, anders durch Blaustichigkeit verzeichnet als durch Trübheit verdunkelt. So kommt es auch, daß dem Intellekt die Wahrheit, die doch ihrem Wesen nach einheitlich, rein und unvermischt ist, auf Grund verschiedener und gegensätzlicher Phantasiebilder als vielfältig,

mixtaque praesentetur. Qui autem vel temperatura corporis, vel arte et exercitio, vel speciali divinae largitatis privilegio, puriora simplicioraque phantasmata adepti sunt, ii ad percipiendam rerum veritatem aptiores procul dubio sunt. Huc tendere illud de Sapientiae libro potest: Sortitus sum animam bonam, et illud Aristotelis in libro De Anima: Molles carne apti sunt mente. Sed et Cicero in libro De Natura Deorum secundo declarat quibusdam regionibus atque urbibus contingere ut hebetiora sint hominum ingenia propter caeli pleniorem naturam; et alibi, quod Athenis tenue caelum, ob idque eas praeclarorum ingeniorum altrices esse.

Variae itaque imagines atque eaedem saepenumero falsae de vario corporis temperamento manant; quod a parentibus, a patria, a victus ratione nanciscimur, uti a causis proximis particularibusque quibus effectus speciem sortiuntur. Etenim filii eo usque parentibus similes evadunt, ut si quispiam prorsus dissimilis reperiatur, Aristoteles in libris De Animalium Generatione monstris eum connumerandum censeat. Regionibus quoque aliis alias inesse corporum temperaturas conspicimus, quae de ratione victus etiamnum immutantur; videmus enim procera, succulenta, vivida Gallorum et Germanorum corpora, Hispanorum pusilla atque retorrida, Maurorum nigra atque decocta. In eadem quoque regione eundem hominem videmus ob exercitia, ob selectos cibos, aliaque eius modi, de macilento pinguem factum, de tristi hilarem, de somniculoso vigilem; contraque de pingui, hilari, vigili, macilentum, tristem, atque torpentem. Hae proximae et particulares causae. Caelum autem universalis et remota dumtaxat, non autem particularis, ut fabulantur astrologi, quorum insania, quia satis abunde a Johanne Pico, patruo meo, duodecim libris explosa est, non est cur in ea confutanda reiciendaque plus operae insumam.

Ab rebus item extrinsecus occursantibus quibus afficimur, varias oriri easdemque falsas imaginationes in nobis hinc liquido constat, quod objecta sensus identidem mutant varieque afficiunt. Cum enim imaginatio sequatur sensum ducaturque ab eo, con-

unvollkommen und vermischt vermittelt wird. Wer auf Grund der Ausgewogenheit seiner Körpersäfte oder durch Kunst und Übung, oder auch durch den Vorzug einer besonderen göttlichen Begabung die Fähigkeit zur Bildung reinerer und einfacherer Phantasiebilder erworben hat, ist zum Erfassen der Wahrheit der Dinge zweifellos fähiger. Hierauf kann folgender Satz aus dem *Buch der Weisheit*[30] abzielen: »Eine gute Seele ward mir gegeben.« Und jener Satz des Aristoteles in seinem Buch *Über die Seele*[31]: »Menschen mit zarter Haut haben einen aufnahmefähigen Geist.« Cicero aber behauptet im 2. Buch über *Das Wesen der Götter*[32], daß in bestimmten Gegenden und Städten der Geist der Menschen wegen der größeren Dichte der Atmosphäre stumpfer sei, und an anderer Stelle[33], daß in Athen die Atmosphäre dünner sei und daher dort so hervorragende Geister herangewachsen wären.

Unterschiedliche und oft auch falsche Bilder entstehen demnach aus unserer körperlichen Disposition; diese erhalten wir von unseren Eltern, den geographischen Bedingungen unseres Geburtslandes und von unserer Lebensweise, denn das sind die nächstliegenden speziellen Ursachen, durch die der Mensch seine Individualität erhält. Kinder sind ihren Eltern gewöhnlich so ähnlich, daß Aristoteles in seinem Buch *Über die Entstehung der Tiere*[34] meinte, Kinder, die ihren Eltern überhaupt nicht ähnlich seien, unter die Monster einreihen zu müssen. Wir können auch beobachten, daß für bestimmte Gegenden bestimmte körperliche Dispositionen spezifisch sind, die sich auch nicht durch die Lebensweise verändern lassen. So sind die Körper der Gallier und Germanen groß, kräftig, agil; die der Spanier klein und zierlich; die der Mauren schwarz und kraftlos. Ferner können wir feststellen, daß in ein und derselben Gegend ein Mensch durch Übung, ausgewählte Speisen und andere derartige Faktoren statt mager wohlgenährt, statt traurig heiter, statt verschlafen wach, und umgekehrt, statt wohlgenährt, heiter und wach, mager, traurig und verschlafen ist. Das sind die nächstliegenden und speziellen Ursachen. Die Atmosphäre dagegen ist allenfalls eine allgemeine und entfernte, nicht aber eine spezielle Ursache, wie die Astrologen uns weismachen wollen, deren Unsinn ich hier nicht des langen und breiten diskutieren und widerlegen muß, da er schon längst von meinem Onkel Giovanni Pico in zwölf Büchern[35] erledigt worden ist.

Daß auch durch äußere Objekte, die uns begegnen und affizieren, unterschiedliche und falsche Bilder in uns hervorgebracht werden, ist daraus leicht zu ersehen, daß die sinnlichen Objekte sich selbst verändern und uns unterschiedlich affizieren. Denn da die Vorstellung dem Sinn folgt und von ihm bestimmt wird,

---

[30] *Buch der Weisheit* 8, 19.

[31] *De anima* 421 a 25 f.

[32] Cicero, *De natura deorum* II, 6, 17.

[33] Vgl. Cicero, *De fato* 4, 7.

[34] Aristoteles, *De generatione animalium* 767 a 36 ff.

[35] Vgl. Giovanni Pico della Mirandola, *Disputationes adversus astrologiam divinatricem*, ed. E. Garin, Florenz 1946.

sentaneum est ut et variato sensu varietur imaginatio, eoque labente, et ipsa labatur. Sensus autem propriorum sensilium, quamquam aut semper verus aut rarissime falsus, in iis tamen quae subjecta sunt ipsis sensilibus, hoc est, quibus accidunt ipsa sensibilia, fallitur saepenumero. Nam tametsi eum qui accedit hominem recte affirmare possumus aut nigrum aut candidum, vel Jacobum autem vel Johannem si etiam affirmaverimus, facillime decipi et errare poterimus. In communibus quoque sensilibus, id est, in eis quae adnexa propriis agnataque sunt, magnitudine, figura, numero, motu, saepissime fallimur. Hinc solis magnitudinem bicubitam existimat imaginatio. Hinc brevissimo spatio delineatam vel hominis vel equi similitudinem, magna intercapedine contineri pronuntiat. Hinc plures sub unica imagine numeros hallucinatur. Hinc quiescere quae etiam moveantur res, contraque moveri quae sedentaria quiete torpent, comminiscitur. In universum praeterea fallitur, cum de eo quod ad plures attinet sensus, uno dumtaxat in judicium citato, sententiam promit.

Ab arbitrio etiam nostro pendere imaginationes ipsas Aristoteles tertio ad Nicomachum libro auctor est.

Boni item et mali angeli bona et mala formare in nobis phantasmata possunt. A bonis enim magna verae prophetiae pars pendet; nam quamquam in intellectum influit quandoque Deus quasique insculpit futurorum notas; quamvis item rerum imagines forinsecus oculis ostendantur, quibus aspectis quid portendatur affulgente divino lumine prophetae dijudicent; nihilominus sacras litteras revolventibus nobis pauca se offerunt eius modi prophetis ostensa divinitus, comparatione eorum quae visione phantastica patefacta sunt. Nam—ut mittam prophetae Amos et Zachariae aliorumque veterum libros, qui toti visis imaginariis scatent—ipsa Apocalypsis Johannis imaginaria est, quae totius ecclesiae decursum ad usque damnatorum poenas et beatorum gloriam amplectitur; et a Luca in Actibus Apostolorum visiones imaginariae nonnullae describuntur.

A malis item angelis pseudo-prophetae fiunt, qui pro veris falsa venditant, et vera interdum nonnulla ferunt, ut vendibiliori superstitione amentium animos irretiant; illuduntque

ist es nur konsequent, daß durch eine Veränderung des Sinnes auch eine Veränderung der Vorstellung eintritt und daß, wenn er getäuscht wird, auch sie sich täuscht. Nun täuscht aber die Wahrnehmung einzelner sinnlicher Gegebenheiten — mag sie auch im allgemeinen wahr und nur selten falsch sein — doch häufig in Bezug auf das, was dem eigentlich Sinnlichen zugrunde liegt, d.h. im Hinblick auf das, von dem das eigentlich Sinnliche eine Akzidenz ist. Denn während wir einen näherkommenden Menschen ohne weiteres zutreffend als »schwarz« oder »weiß« identifizieren, können wir bei der Aussage, ob dies nun Jakob oder Johannes sei, leicht irren und getäuscht werden. Auch bei den allgemeinen sinnlichen Eigenschaften, d.h. bei denen, die dem eigentlich Sinnlichen verbunden und zugehörig sind, wie Größe, Gestalt, Zahl und Bewegung, täuschen wir uns sehr oft. So hält die Vorstellung etwa die Sonne für zwei Ellen groß. So behauptet sie, daß das Abbild eines Menschen oder eines Pferdes, das auf einer kleinen Fläche gezeichnet ist, einen großen Raum einnimmt, so bildet sie sich ein, in einem einzigen Bild eine Vielzahl von Bildern zu sehen, so gibt sie vor, daß Dinge, die sich bewegen, in Ruhe sind und umgekehrt solche, die völlig ruhig liegen, sich bewegen. Endlich täuscht sie sich auch allgemein, wenn sie — im Vertrauen auf das Urteil eines einzigen Sinnes — über etwas Aussagen macht, das unter mehrere Sinne fällt.

Daß die Vorstellungen auch von unserem Willen abhängen, bezeugt Aristoteles im 3. Buch der *Nikomachischen Ethik*[36].

Auch gute und böse Engel können in uns gute oder böse Phantasiebilder hervorrufen. So hängt von den guten ein großer Teil der wahren Prophetie ab. Denn obwohl die Prophetie in den Intellekt einströmt, wann immer Gott die Zeichen des Zukünftigen ihm sozusagen eingibt und obwohl es auch Bilder von Dingen gibt, die den Augen von außen gezeigt werden und bei deren Anblick die Propheten, gleichsam von einem göttlichen Licht erleuchtet, unterscheiden können, welche Zukunftsbedeutung sie haben, so stoßen wir doch selbst bei gründlichster Lektüre der Heiligen Schrift nur auf Weniges, das Gott den Propheten auf diese Weise offenbart hat: wenig verglichen mit dem, was sich ihnen in phantastischer Schau erschloß. Denn — um ganz zu schweigen von den Büchern des Amos, des Zacharias und anderer alter Propheten, die voll sind von Visionen aus der Vorstellung — selbst die Apokalypse des Johannes, die den Weg der ganzen Kirche bis hin zur Bestrafung der Verdammten und zum Ruhm der Seligen umfaßt, beruht auf der Vorstellung. Und auch von Lukas wird in der Apostelgeschichte eine ganze Anzahl von Visionen beschrieben, die ihren Ursprung in der Vorstellung haben.

Die falschen Propheten wiederum, die Falsches für wahr ausgeben und bisweilen auch, um die Seelen Gutgläubiger mit leichter verkäuflichem Aberglauben zu verwirren, in ihre Prophezeiungen ein Körnchen Wahrheit mischen, werden von den bösen Engeln geschaffen; diese treiben ihr Unwesen auch in den Phan-

---

36 Aristoteles, *Ethica Nicomachea* 1114 a 31 ff.

in phantasmatis virorum, feminarumque quas striges vocant, quorum sensus perniciosissime perstringunt. Sed et praeter futurorum imagines, praesentium etiam, et ad vitae obeunda munera conducentium, a bonis angelis in nobis afformantur; a malis itidem, sed malae aut semper aut saepe. Qui si quandoque suadere bona videantur, id versutissimo astu peragunt, quo, si fides eis habeatur, facilius postea ludificent truculentiusque insidientur.[a]

Et de his hactenus; nunc ad alia transmeandum.

[IX]

Quo modo Imaginationis Morbus Falsitasque de Corporis Temperatura deque Objectis Sensuum proveniens corrigi curarique possit. **Caput IX.**

Vidimus causas ob quas et variat et fallit imaginatio; nunc quo pacto vitiis eius resistendum est morbisque medendum pro virili explicemus. Quod ut commodo exsequamur, hinc sumere liceat exordium. Phantasiae morbi atque vitia quae ob temperaturam contingunt, de siccitate nimia, humiditate, caliditate, frigoreque eius organi, vel simplicibus vel compositis, proveniunt, a quibus veluti seminariis cuncta fere imaginationum fallacia pullulat. Hinc fit, ut labilis nimio plus fiat fluatque identidem imaginatio, nec conceptas rerum effigies retentet. Illinc, ut plusquam opus sit figatur, enixeque adeo in vestigio haereat, ut ex uno in aliud simulacrum aegre demigrare possit; quas ob res errores multi visuntur, tam ex organi repugnantia, quod aut debitas metas transilit in negotio, aut moras nimias trahit in otio,[b] cum negotio sit opus, quam quod ex diversa humorum mixtione, modo impense tristis, modo hilaris plus aequo, modo acer impendio, modo torpens nimium homo redditur. Horum causa in temperaturam referenda est, in qua, ut primas simplicesve omittam qualitates, aut sanguis, aut pituita, aut rubra aut atra bilis exsuperet. Sed et ipsi quoque imaginandi usui accepta referri potest, qui de subjectis sensuum rebus, quae appellamus objecta, proficiscitur. Id efficitur, cum ex rei cuiuspiam affectu,

---

[a] insidentur VS.
[b] monitio VS; in S korrigiert von Pico in der Liste der *Errata*.

tasievorstellungen von Männern und Frauen, die man als Hexen bezeichnet und sie verwirren deren Sinn in höchst verderblicher Weise. Außer den Bildern zukünftiger Ereignisse formen die guten Engel jedoch auch in uns Bilder des Gegenwärtigen und dessen, was zur Erfüllung der Pflichten des Lebens dient. Das gleiche tun die bösen Engel, deren Bilder freilich immer oder doch häufig schlecht sind: Wenn sie manchmal auch das Gute zu raten scheinen, so tun sie das mit besonderer List und Verschlagenheit, um uns, wenn wir ihnen vertrauen, nur umso leichter zum Narren halten und umso grausamer in die Falle locken zu können. Doch davon genug. Wir müssen nun zu anderen Dingen übergehen.

IX

Wie die Krankheit und Falschheit der Vorstellung, die aus der Disposition des Körpers und den Objekten der Sinne entspringt, geheilt und korrigiert werden kann

Wir haben gesehen, warum die Vorstellung wechselhaft ist und täuscht. Nun wollen wir nach Kräften erklären, wie wir ihren Fehlern widerstehen und ihre Krankheiten heilen können. Wir beginnen am besten mit folgendem Punkt: Die von der körperlichen Disposition verursachten Krankheiten und Fehler der Phantasie resultieren aus einem Zuviel an Trockenheit, Feuchtigkeit, Wärme oder Kälte ihres Organs, aus jedem von ihnen einzeln oder aus mehreren gemeinsam. Aus ihnen entspringt gleichsam wie aus Samenkörnern alle Täuschung der Vorstellungen. So kommt es einerseits, daß die Vorstellung äußerst labil und unstet wird und die aufgenommenen Bilder der Dinge nicht festzuhalten vermag. So kommt es andererseits, daß sie sich mehr als nötig auf etwas fixiert, und so verbissen an einer Sache festhält, daß sie nur mit Mühe von einem Bild zu einem anderen fortschreiten kann. So kann man viele Irrtümer feststellen, die ebenso aus einem Widerstand des Organs, das entweder in seiner Tätigkeit über das gebotene Ziel hinausschießt oder, untätig, allzu träge ist, wenn Tätigkeit nötig wäre, wie aus der unterschiedlichen Mischung der Säfte entspringen, die den Menschen bald maßlos traurig, bald überaus fröhlich, bald äußerst aktiv, und bald über die Maßen passiv macht. Die Ursache dafür ist in der jeweiligen körperlichen Disposition zu suchen, in der — um die ersten und einfachen Qualitäten zu übergehen — entweder das Blut oder der Schleim oder die rote oder die schwarze Galle dominieren. Aber man kann sie auch zurückführen auf die Betätigung der Vorstellung selbst, die von den Dingen, die den Sinnen zugrunde liegen und die wir Objekte nennen, ihren Ausgang nimmt. Dies ist der Fall, wenn wir, von einem bestimmten Gegenstand sehr stark angezogen, alle übrigen Ob-

illius spectrum similacrumve, objectis abdicatisque ceteris, conatu magno complectimur; et dum pluribus intentus animus curiositate nimia modo unam, modo aliam imaginem, idque crebro et impetuose, pertractat.

Qui de corporis temperatura manant morbi corporeis rebus curandi, et morbi ipsius naturae contrariis, ut sicca nimium temperatura in humidam, atque impense humida in siccam, frigidaque in calidam, et in frigidam calida eatenus inclinet, quatenus ad aequalitatem debitam medicorum et consilio et ope reducantur. Qui vero de usu affectibusque proveniunt, contrariis item usibus affectibusque curandi. Si enim in rei cuiuspiam imaginem propensius quam deceat feramur, abstrahere inde cogitatum quantum possumus debemus, atque alio flectere, siquidem evenit interdum ut ex imaginatione plus aequo intenta, eiusque usu impendio frequenti, syncopim nonnulli perpessi sint, et ad insaniam etiam perducti; idque eis periculosum valde qui contemplativae addicti vitae imaginationi habenas laxant. Quibus Johannes Gerson prudentissimus theologus plurifariam consulit in eis libris quos inscripsit De Mystica Theologia, et in eo cui titulum fecit De Passionibus Animae, et alibi etiam multa in exemplum revocans, atque inter alia quempiam citans, qui ad solum eius libri aspectum qui Climax Graece dicitur labebatur in syncopim, ob frequentem nimio plus rerum earum imaginationem quae in eo perscriptae sunt. Si vero mobilis multum et fluxa nimium imaginatio fuerit, quaerenda nobis erit unica imago vel paucae circa quas versemur, ut a tumultu illo atque concursu specierum vario quiescamus. Pari pacto, si nimis tristis quispiam, ad hilaritatem, si hilaris nimium, ad tristitiam ut vergat curare debet; si torpeat, conari ut excitetur, si excitatus plusquam decet, residere.

Quae autem res illae et imagines, quae unicuique ad istius modi obeunda conducant, quoniam decernere difficillimum, quisque sibi eas aut ex aliis deligat, aut ex se promat; modo ad bene beateque vivendum faciant. Nobis duae olim visae, quarum una ad amorem, ad timorem altera excitaremur, quae tribus libris ex-

jekte außer acht lassen und nur desssen Spiegelbild oder Abbild angestrengt zu erfassen versuchen; und auch, wenn sich der Geist zwar vielen Objekten zuwendet, aber mit allzu starker Wißbegier häufig und mit großer Energie bald das eine und bald das andere Bild behandelt.

Die Krankheiten, die aus der Disposition des Körpers entstammen, sind durch körperliche Mittel zu heilen, die der Natur der Krankheit entgegengesetzt sind: d.h. man wirkt auf Trockenheit mit Feuchtigkeit, auf übermäßige Feuchtigkeit mit Trockenheit, auf Kälte mit Wärme und Wärme mit Kälte solange ein, bis sie — nach Rat und Tat der Ärzte — zum notwendigen Gleichgewicht gebracht sind. Die Krankheiten aber, die aus der Betätigung der Vorstellung und den Affekten hervorgehen, müssen ebenso durch entgegengesetzte Betätigung und entgegengesetzte Affekte geheilt werden. Werden wir nämlich mehr als vertretbar von dem Bild eines bestimmten Gegenstandes angezogen, so müssen wir unsere Gedanken so weit wie möglich davon ab und etwas anderem zuwenden; es ist nämlich gelegentlich vorgekommen, daß manche aus allzu angestrengter und allzu häufiger Betätigung der Vorstellung einen Zusammenbruch erlitten haben und sogar zum Wahnsinn getrieben wurden. Besonders gefährlich ist dies für Menschen, die sich dem kontemplativen Leben verschrieben haben und ihre Vorstellung nicht mehr unter Kontrolle halten. Diesen Menschen erteilt der erfahrene Theologe Johannes Gerson an vielen Stellen seiner Bücher *Über die mystische Theologie*[37] und im Buch mit dem Titel *Über die Leidenschaften der Seele*[38] sowie an anderen Stellen Rat und führt viele Beispiel an. Unter anderem schildert er einen Menschen, der beim bloßen Anblick jenes Buches, das die Griechen *Climax*[39] nennen, zusammengebrochen sein soll, da er sich allzu häufig jene Dinge vorgestellt habe, die in ihm beschrieben werden. Ist die Vorstellung dagegen zu unbeständig und fließend, so müssen wir uns mit einem einzigen oder einigen wenigen Bildern beschäftigen, um so aus dem Chaos der ständig wechselnden Eindrücke zur Ruhe zu kommen. In gleicher Weise muß, wer zu traurig ist, dafür Sorge tragen, daß er sich zur Heiterkeit wendet, wer zu heiter, zur Traurigkeit. Ist er passiv, so muß er nach Anregungen trachten, ist er übermäßig erregt, nach Ruhe.

Das es jedoch schwer zu entscheiden ist, welches die Dinge oder Bilder sind, die im Einzelfall zu derartigen Erfahrungen führen, muß jeder sie für sich selbst entweder aus dem, was ihm anderweitig geboten wird, auswählen, oder aus sich selbst hervorbringen: nur sollen sie zu einem guten und glücklichen Leben führen. Wir haben schon früher einmal auf zwei solcher Bilder hingewiesen, von denen das eine zur Liebe, das andere zur Furcht anregt, und über die wir in den

---

37 Johannes Gerson, *De mystica theologia practica, Consideratio XII,* in: *Oeuvres complètes,* ed. P. Glorieux, Bd. IX, Paris 1973, 19 ff.

38 Johannes Gerson, *De passionibus animae, Consideratio XX,* in *Oeuvres complètes,* ed. P. Glorieux, Bd. IX, Paris 1973, 19 f.

39 Johannes Climacus, *Scala Paradisi,* ed. Migne, P.G. 88, 581 ff.

plicavimus, quos De Morte Christi et Propria Cogitanda inscripsimus. Atqui neque malarum dumtaxat, sed et omnium imaginationum multitudinem fugiendam Proclus Platonicus censuit, ob id quod falleret impense atque distraheret. Quod equidem recte statutum arbitror, nisi dum pro remedio ad eas quispiam confugeret, qui diu enixeque solius cuiusdam imaginis compedes pertulisset. Ceterum specilla ea, cum distorta, tum infecta, de quibus superiori capite actum a nobis, in universum deponenda sunt, et recta atque perspicua desumenda; hoc est, nimiarum malarumque affectionum habitus exuendi, bonarumque et paucarum induendi, de illis enim imaginatio falsa progreditur, quae rectum alioquin judicium infirmat et torquet. Hoc autem in nostra facultate positum est, sicuti et victus ratio et exercitia, quorum ope imaginationum morbis mederi possumus quae aut a parentibus aut a propria malitia contraximus. Conari item debemus ut sensum tantisper sequatur imaginatio dum circa propria sensilia munus obit suum, nam tum vera incorruptaque est; dum vero de subjectis communibusque arbitratur, refugiat, quippe quae tam adjuncto quam abjuncto sensu oberrabit. Nam si sensus adjunctus coespitaverit, necessario et imaginatio collabetur. Facilius quoque et impensius eo corruet abjuncto et sequestrato sensu, qui rerum vestigia in ipsa imaginatione minus integre conservabuntur; quod tum continget maxime, cum sensibilium generum species ad oculum de longinquo deferentur.

[X]

Quo pacto eis Imaginationis Malis, quae a nostro pendent Arbitrio, Rationis usu succurrendum. Caput Decimum.

Eis vero imaginationis morbis quae a nostro pendent arbitrio, quamquam et remedia ea quae supra recensuimus afferre opem possunt, ratio tamen ipsa medetur, cuius usu non solum ab istius modi, sed ab omni prorsus imaginationis injuria liberamur. Et licet hoc ipsum multis nec difficulter probare possemus, paucis

drei Büchern mit dem Titel *Gedanken über den Tod Christi und unseren eigenen Tod*[40] geschrieben haben. Der Platoniker Proclus[41] jedoch vertrat die Meinung, man solle nicht nur die Menge der schlechten, sondern überhaupt alle Vorstellungen zu vermeiden suchen, da sie auf jeden Fall täuschen und verwirren. Ich halte diese Feststellung für richtig, jedoch mit der Ausnahme, daß jemand, der lange und intensiv von einem einzigen Bild gefesselt war, sich um der Heilung willen der Menge der Vorstellungen zuwenden sollte. Die verzerrenden und gefärbten Linsen, von denen wir schon im vorhergehenden Kapitel gesprochen haben, sollten freilich grundsätzlich abgelegt und durch klare und ebenmäßige ersetzt werden; d.h. die Gewohnheit der übermäßigen und schlechten Leidenschaften sollte beseitigt und die der wenigen guten gefördert werden: aus den schlechten entspringt nämlich die falsche Vorstellung, die ein sonst richtiges Urteil schwächt und verzerrt. Dies aber liegt in unserer Macht, ebenso wie unsere Lebensweise und jene Übungen, mit deren Hilfe wir die Krankheiten der Vorstellungen heilen können, die wir von unseren Eltern übernommen oder durch eigenes Verschulden erworben haben. Wir müssen auch darauf achten, daß die Vorstellung dem Sinn soweit folgt, wie sie ihre Aufgabe in Hinblick auf das eigentlich Sinnliche erfüllt, denn dann ist sie wahr und unverfälscht. Wenn sie aber über das, was dem eigentlich Sinnlichen zugrunde liegt und über allgemeine sinnliche Eigenschaften urteilt, soll sie ihn fliehen, denn sie irrt dann mit dem Sinn zusammen genauso wie ohne ihn. Denn wenn der Sinn, der an sie gebunden ist, zusammenbricht, so fällt notwendig auch die Vorstellung in sich zusammen. Wenn sie aber vom Sinn getrennt und isoliert ist, wird sie nur eher und heftiger zusammenbrechen, weil die Spuren der Dinge in der Vorstellung noch weniger unversehrt bewahrt werden. Das geschieht vor allem, wenn die Bilder sinnlicher Gegenstände von weit her auf das Auge treffen.

X

Wie jenen Übeln der Vorstellung, die von unserem Willen abhängen, durch den Gebrauch der Ratio abgeholfen werden kann

Obwohl auch die Heilmittel, die wir oben angeführt haben, in jenen Krankheiten der Vorstellung, die von unserem Willen abhängen, Hilfe bringen, so ist doch die Ratio ein Heilmittel, durch deren Gebrauch wir nicht nur von diesen, sondern schlechthin von jeder Beeinträchtigung der Vorstellung befreit werden. Das ließe sich mit einer Fülle von Argumenten leicht nachweisen, doch wir wol-

---

40 Gianfrancesco Pico della Mirandola, *De morte Christi et propria cogitanda,* in: *Opera,* Basel 1573, Reprint Turin 1972, Bd. I, 1 f., 44 ff.

41 Vgl. Proclus, *In Platonis Alcibiadem Priorem Commentarii* ed. F. Creuzer, Frankfurt/M., 1820, 245 f.

tamen contenti erimus. Cuique enim notum, qui brutum penitus aut stupida planta non sit, rationem homini sectandam, sensus et phantasiae illecebras respuendas. Non omnibus tamen, immo perpaucis, exploratum quam multa ascribantur indigna humano generi, quae pro confesso irrationales, ut sic dixerim, homines concipiant; alioquin ut falsa a bene instituto animo eliminanda et in fallacem imaginationem jure optimo referenda. Voluptates enim multae, dolores plurimi, qui juxta Platonis dogmata simplices praecipuique affectus sunt, a quibus veluti elementis ceteri componuntur, cotidie excitantur in nobis imaginationis vitio; cum tamen de penitissimis rationis penetralibus proficisci videantur iis qui phantasiam identidem, rationem quam rarissime consulunt. Sumamus de aliquibus exempla.

Aut omnibus aut plerisque malum videtur mors—nec solum rudibus, sed et iis qui se litterarum gnaros profitentur. Illi enim atrocem eam imaginantur; hi, praeter id, etiam expavescunt ad Aristotelis vocem eam ultimum terribilium in Ethicis nuncupantem. Si tamen Epicteto philosopho Stoico crediderimus, mors ipsa nihil terribile est. Si Ambrosio Christiano theologo audierimus, tantum aberit ut terribilis judicetur, ut etiam expetenda proponatur, quippe qui librum composuerit quem De Bono Mortis inscripserit. Si rationem consulamus, ob id terribilem existimatam mortem inveniemus, quod opinio de morte terribilis est, quam phantasia peperit. Qui enim (ut ita loquar) ad ipsum esse compositi dumtaxat respicit, quod recedit, torminaque et cruciatus, qui praeire eam consueverunt, quique eam sequi solent, imaginatur, fieri minime potest ut non aliquatenus commoveatur, non tristetur, non doleat. At qui ratiocinatur quod mors nihil aliud est quam separatio animae et corporis; quod absolvitur anima; quod resolvitur corpus; quod quae absolvitur gaudet, si bene in vita egerit; quod id quod resolvitur nihil sentit, nihil agnoscit, ad futurae mortis conceptum non horrescet. Ad haec, qui percipit mortem ipsam et Dei decreto et imbecillitate naturae, quam peccatum infecit, necessariam fore, nihil tris-

len uns hier auf einige wenige beschränken. Jedem, sofern er nicht ein Tier oder eine vernunftlose Pflanze ist, ist bekannt, daß der Mensch der Ratio folgen und den Verführungen der Sinne und der Vorstellung widerstehen muß. Nicht alle jedoch, oder sogar nur sehr wenige sind sich darüber im klaren, wie vieles Verabscheuungswürdige dem menschlichen Geschlecht zugeschrieben wird, das allein jene Menschen vertreten, die vorsätzlich — ich möchte sagen — irrational sind. Andernfalls läßt es sich von einem gut ausgebildeten Geist als falsch aussondern und mit gutem Recht der trügerischen Vorstellung zuschreiben. Denn viele Lüste und noch mehr Schmerzen, die nach der Lehre Platons die einfachsten und ersten Affekte sind[42], aus denen, als ihren Elementen, die übrigen Affekte zusammengesetzt werden, werden täglich in uns durch die Mangelhaftigkeit der Vorstellung erregt. In den Augen derer aber, die die Vorstellung häufig, die Ratio selten zu Rate ziehen, scheinen sie aus den tiefsten Gründen der Ratio zu stammen. Wir wollen einige Beispiele anführen.

Allen, oder doch den meisten Menschen, scheint der Tod ein Übel zu sein — nicht nur den Ungebildeten, sondern auch denen, die sich der Kenntnis der Wissenschaften rühmen. Die Ungebildeten stellen sich ihn als etwas Grausames vor, und die Gebildeten erschaudern darüberhinaus noch, wenn sie an die Behauptung aus der Ethik des Aristoteles denken, wonach der Tod der äußerste aller Schrecken sei.[43] Folgen wir dagegen dem Stoiker Epictet[44], so ist der Tod alles andere als schrecklich. Wenn wir auf den christlichen Theologen Ambrosius hören, muß man ihn nicht nur nicht für etwas Schreckliches halten, sondern ihn sich sogar als etwas Erstrebenswertes vor Augen halten, schrieb er doch ein Buch mit dem Titel *Über das Gut des Todes*[45]. Ziehen wir nun die Ratio zu Rate, so finden wir, daß der Tod nur deshalb als schrecklich gilt, weil die Meinung über den Tod schrecklich ist, und diese ist ein Kind der Vorstellung. Wer nämlich, sozusagen nur auf das Sein des Zusammengesetzten achtet, das vergeht, und sich die Foltern und Qualen vorstellt, die dem Tod gewöhnlich vorangehen und die ihm zu folgen pflegen, der kann nicht umhin, Erschütterung, Trauer und Schmerz zu empfinden. Wer dagegen bei sich argumentiert, daß der Tod nur die Trennung der Seele vom Körper ist; daß die Seele befreit und der Körper aufgelöst wird; und daß es für die befreite Seele, sofern sie nur im Leben gut gehandelt hat, ein Glück bedeutet und der sich auflösende Körper gar keine Empfindung und Wahrnehmung mehr hat — wer sich das klarmacht, für den ist der Gedanke an den kommenden Tod auch nichts Schreckliches mehr. Und wer darüberhinaus begreift, daß der Tod nach der Bestimmung Gottes ebenso wie wegen der Schwäche unserer Natur, die durch die Sünde verdorben ist, notwendig ist, wird

---

42 Vgl. Plato, *Philebus* 39 f.
43 Aristoteles, *Ethica Nicomachea* 1115 a 26.
44 Epictet, *Enchiridium* 5.
45 Ambrosius, *De bono mortis*, ed. C. Schenkl (CSEL 32, p. I) Wien 1897.

tabitur, nihil angetur, frustra enim ratio de re necessaria tristatur.

Sed et pro eo quod nos mori dicimus τελευτεῖν Graeci ponunt, laborum quippe finis est mors, molestiarum finis, et melioris vitae principium. Namque, ut non minus vere quam et docte et eleganter capite quinto libri sui De Uno Et Ente Johannes Picus patruus scribit: incipimus tunc mori, cum primum incipimus vivere, et: mors cum vita protenditur, tuncque primum desinimus mori, cum a corpore mortis huius per carnis mortem absolvimur. Ab hac morte, Dei gratia, se liberandum dicebat Apostolus, et dissolvi optabat, et esse cum Christo, ratione utens, imaginationem posthabens, quam etiam philosophorum plurimi superaverunt sola consideratione calamitatis humanae speque melioris vivendae vitae. Ea enim quamquam vane freti et alacriter hac vita excedebant, et cunctantem mortem sibi consciscebant, aliosque ad id ipsum faciendum hortabantur, sicuti et Cleombrotus Ambraciotes et Hegesias aliique permulti. In hoc laudandi solum, quod animae immortalitati accedebant, quod feliciorem vitam aeternamque paratam hominibus existimabant. In hoc damnandi, quod sibi vim inferebant, quod ea non procurabant sibi justis operibus, quibus aeterna felicitas comparatur, similitudine quadam imaginaria virtutis in vitium delapsi— habent enim, quod et Aristoteles in Ethicis meminit, vitia nonnulla cum virtutibus affinitatem, ut cum liberalitate prodigalitas, cum fortitudine audacia.

Ceterum et philosophus ille, qui nuntio de filii morte suscepto respondit scire se genuisse mortalem, imaginationem rationis habenis moderabatur, ponens se, ut philosophum decet, totum in ratione, et a sensibus atque imaginationibus abstrahens. Unde et cavillum illud in eundem facile dissuitur, quod moriturum scilicet a mortuo differt, qua de re non de morituro, sed de mortuo, dolendum. Atqui differt, si sensum, si phantasiam consulamus,

weder Trauer noch Angst empfinden. Denn umsonst trauert die Ratio über das Unvermeidliche.

Was wir als »sterben« bezeichnen, nannten die Griechen *teleutein:* denn der Tod ist ja das Ende aller Mühen und das Ende aller Beschwerlichkeiten und der Beginn eines besseren Lebens. Denn, wie mein Onkel Giovanni Pico ebenso wahr wie gelehrt und elegant im fünften Kapitel seines Buches *Über das Sein und das Eine*[46] schreibt: »Unser Sterben beginnt mit unserem Leben«; und: »Der Tod begleitet unser ganzes Leben, und wir hören erst auf zu sterben, wenn uns der Tod unseres Fleisches vom Körper des Todes befreit.« Von diesem Tod, sagte der Apostel, müsse er sich mit Gottes Gnade befreien, und — seiner Ratio folgend und die Vorstellung verbannend — bat er um Auflösung seines Körpers und Eingehen in Christus.[47] Und auch viele Philosophen überwanden die Vorstellung allein durch eine Betrachtung des menschlichen Elends und in der Hoffnung auf ein besseres Leben. Denn auf diese, wenn auch eitle Hoffnung bauend, drängten sie sich danach, aus diesem Leben zu scheiden, brachten sich den zögernden Tod selbst bei und ermunterten andere, das gleiche zu tun — Cleombrotus von Ambracia[48] und Hegesias[49] und viele, viele andere. Zu loben sind sie dabei freilich nur insofern, als sie sich der Lehre von der Unsterblichkeit der Seele anschlossen, wenn sie an ein glücklicheres und ewiges Leben glaubten, das den Menschen bestimmt sei. Zu verurteilen sind sie jedoch insofern, als sie gegen sich Gewalt anwandten und sich die ewige Seligkeit nicht durch die gerechten Werke erwarben, durch die sie erlangt werden kann, sondern durch eine nur in der Vorstellung existierende Ähnlichkeit mit der Tugend sich täuschen ließen und ins Laster fielen, denn wie Aristoteles in seiner Ethik sagt[50], gibt es einige Laster, die den entsprechenden Tugenden sehr nahestehen: so etwa die Verschwendung der Großzügigkeit, die Verwegenheit dem Mut.

Auch jener Philosoph, der beim Empfang der Nachricht vom Tod seines Sohnes sagte, er wisse, daß er einen Sterblichen gezeugt habe[51], hat die Vorstellung durch die Ratio im Zaum gehalten; er setzte, wie es sich für einen Philosophen gehört, ganz und gar auf die Ratio und wandte sich von den Sinnen und der Vorstellung ab. Das gegen eine solche Haltung vorgebrachte spitzfindige Argument — zwischen einem Sterblichen und einem Gestorbenen besteht doch wohl ein Unterschied, und man betraue ja nicht einen Sterblichen, sondern einen Toten — läßt sich leicht widerlegen. Denn der genannte Unterschied besteht zwar,

---

[46] Giovanni Pico della Mirandola, *De ente et uno* cap. V, in: *De hominis dignitate, Heptaplus, De ente et uno* ed. E. Garin, Florenz 1942, 408.

[47] *Philipper* 1, 21.

[48] Vgl. Cicero, *Tusculanae disputationes* I, 34, 84.

[49] Vgl. Cicero, *Tusculanae disputationes* I, 34, 84; Diogenes Laertius, *Vitae et sententiae philosophorum* II, 93—96.

[50] Aristoteles, *Ethica Nicomachea* 1104 a 11 ff.

[51] Vgl. Cicero, *Tusculanae disputationes* III, 14, 30; 24, 58; Diogenes Laertius, *Vitae et sententiae philosophorum* II, 13; 55.

nequaquam autem si rationem percunctemur, quae omnem temporis differentiam ambit atque complectitur. Quanto igitur minus timenda mors, immo quanto magis desideranda quibus corporis resurrectio votorum omnium summa; neque enim resurgere qui prius non moriatur potest; etenim vita haec ad mortem transitus est, mors autem ad veram vitam accessus.

Sed et diluendum in hoc loco argumentum illud quod maximam habere vim vulgus autumat, quoque plurimum utitur in huius vitae patrocinium adversus mortem; ferunt enim, ob id jure optimo formidandam mortem, quod ab ea Christus, dux noster, abhorruerit, cum in Evangelio legatur tristem eius animam usque ad mortem, factumque eum in agonia prolixius orantem petentemque ut, si fieri posset, passionis eum calix praeteriret. Sed facile solvitur, plus enim in Christo laetitiae quam doloris de sua morte fuisse opinamur, quandoquidem sensui et imaginationi ratio et intellectus praevaluit, qua percipiebat et redimi per eam genus humanum, et suam patrisque bonitatem diffundi clarereque, et corpori suo gloriam comparari, et divinam providentiam perpendi ob id quod quaecumque de eo praedicta a prophetis fuerant ad minimum usque apicem complerentur. Quam autem habebat praetendebatque molestiam non tam de mortis horrore proveniebat, ob quam scilicet appetendam voluntariaeque subeundam de caelis in uterum Mariae Virginis descenderat, quam quod, ob mortem quam sibi erat inflictura Judaeorum natio, reprobandam eam noverat, plurimosque itidem ob eandem causam ad aeterna incendia damnari. Ceterum subiit mortem Christus libentissime, quo ad superiorem, ut a Parisiensibus theologis dicitur, rationem attinet, quantum autem ad inferiorem pertinet, tristatus; sponteque, ut copiosius scilicet quam fieri posset bonitatem suam in humani generis redemptionem effunderet, sensuali parti et imaginariae potestati doloris habenas laxavit; unde etiam adversus haereticos verum eum hominem abnegantes disputantibus nobis victoria pateret, qui obicere in eorum oculos possemus doluisse eum ob imminentis mortis imaginationem, idque in eo sensum operatum, quod humanae infirmitati ascribitur. Haec itaque inter alia fuere in causa ut affici corpus suum Christus ex vehementi futurae mortis imaginatione voluerit, quamquam de ipsa, quantum scilicet ad rationem pertinet, gavisus sit. Alioquin quo modo martyribus fortior atque praestantior, quos legimus in atrocissimis

wenn wir auf den Sinn und die Vorstellung hören; er besteht aber nicht, wenn wir uns an der Ratio orientieren, die alle zeitlichen Unterschiede in sich schließt und umfaßt. Um wieviel weniger schrecklich, nein besser, um wieviel erstrebenswerter ist daher der Tod für alle die, deren höchster Wunsch die Auferstehung des Leibes ist: denn es kann nicht auferstehen, wer nicht zuvor stirbt und dieses Leben hier ist ein Durchgangsstadium zu Tod, der Tod aber das Tor zum wahren Leben.

In diesem Zusammenhang müssen wir aber auch ein Argument widerlegen, das bei der Masse anscheinend das stärkste Gewicht hat und am häufigsten bei der Verteidigung dieses Lebens gegenüber dem Tod vorgebracht wird. Es heißt nämlich, daß man den Tod deshalb zu recht fürchten müsse, weil vor ihm sogar Christus, unser Führer, zurückgeschreckt sei. Liest man doch im Evangelium, daß seine Seele »betrübt gewesen sei bis in den Tod«[52] und daß er in seiner Agonie eindringlich gebetet und gefleht habe, dieser Kelch des Leidens möge, wenn möglich, an ihm vorübergehen. Aber das läßt sich leicht erklären: Wir glauben nämlich, daß in Christus mehr Freude als Schmerz über seinen Tod gewesen ist, da Ratio und Intellekt mehr bei ihm vermochten als Sinn und Vorstellung und er deshalb erkannte, daß durch seinen Tod die Menschheit erlöst und sich seine und seines Vaters Güte leuchtend über die Welt verbreiten würde, daß dieser Tod seinem Leib Ruhm brächte und die göttliche Vorsehung obwalte, da alles, was die Propheten von ihm geweissagt hatten, bis zum letzten Buchstaben erfüllt wurde. Die Schwermut aber, die ihn erfaßte und die er bekannte, entsprang weniger der Furcht vor dem Tode, den freiwillig zu erstreben und auf sich zu nehmen er ja vom Himmel in den Leib der Jungfrau Maria herabgestiegen war, als dem Wissen, daß das Volk der Juden wegen des Todes, den es ihm zufügen würde, verurteilt werden sollte und aus dem gleichen Grunde auch später viele Menschen zum ewigen Feuer verdammt werden würden. Christus nahm also den Tod willig und gern auf sich, was die, wie die Pariser Theologen sagen, höhere Ratio angeht[53]; was aber die niedere Ratio angeht, mit Trauer. Absichtlich, um nämlich seine Güte bei der Erlösung des Menschengeschlechts noch reichlicher als möglich auszuschütten, lockerte er die Zügel des Schmerzes für die Sinne und die Macht der Vorstellung, und daher sollten wir auch im Streit mit den Häretikern, die leugnen, daß er wahrer Mensch gewesen ist, den Sieg davontragen können, denn wir könnten ihnen vor Augen führen, daß er in der Vorstellung des drohenden Todes Schmerz empfunden hat, ein Werk des Sinnes, das der menschlichen Schwäche zugeschrieben wird. Dies sind also nur einige Gründe dafür, warum Christus seinen Körper von der heftigen Vorstellung des nahen Todes erschüttern lassen wollte, obwohl er doch, was die Ratio angeht, über ihn Freude empfand. Andererseits: Worin war er tapferer und stärker als jene Märty-

52 Matthäus 26, 39; Lukas 22, 42.
53 Vgl. Augustinus, *De trinitate*, ed.Migne, P.L. 42, 797 ff. Vgl. auch A. Schneider, a.a.O. (Anm. 8) 446 ff.

cruciatibus positos prae jubilo mentis exsultasse, magnaque alacritate et gaudio tauros, eculeos, cruces, ignes, gladios pertulisse? Sed de morte haec satis sunto, cuius imaginatio maximum mortalibus terriculum esse solet.

Eorum enim quae diximus consideratione atque perspectu, reliqua quoque, quae afferre dolorem videntur, patere facile possunt, ut mala scilicet doloresque, quibus, ob ea ipsa, molestiam capimus, imaginationi ipsi, non autem rationi maxima ex parte ascribenda sint. Sic et amissio patrimonii aequanimiter fertur, sic et convicia et verbera, cum ab opinione imaginationem sequente dolorem infligi commonstret ratio. Quod et Epictetus in Enchiridio meminit, commonens non eum qui conviciatur aut verberat injuriam facere, sed opinionem ipsam velut injuriari, ab eaque sola homines irritari. Ceterum et praeteritae res omnes, quarum nos angit memoria, vel hoc ipso pacto examinandae a nobis sunt, ut abdicata imaginatione ratio consulatur; maximum enim ab ipsa phantasia in nos incommodum derivatur, cum id querimur et tristamur factum, quod non esse factum non potest. Ab hoc namque quasi perpetuo vulgi cruciatu rationis ope liberamur, ut quae necessaria sunt, vel ob id quod eventis jam terminata fuerunt, vel quia eventura necessario putantur, ingenue perferamus; quandoquidem de eis quae aliter ac sunt esse non possunt, consilium aut dandum aut sumendum non est.

Diximus de dolore. De voluptatibus ad eandem sententiam dicturi, quandoquidem earum exercitum et arcebimus et effugabimus rationum copiis, non secus ac et doloris machinis et irae excursionibus resistimus. Spatium igitur temporis aliquod in primis capiendum est, ut Epictetus docet, quo scilicet nos ipsos veluti saepiamus; tum volvamus animo qua voluptate potiemur, et qua jam potiti paenitentia afficiemur. Etenim, quod Aristoteles naturae interpres tertio ad Nicomachum libro commeminit, concupiscentia omnis admixta dolori est, tantumque abest ut satiet, ut etiam augmentum de frequentia capiat, et rationem proprium hominis bonum eliminet. Opponenda quoque et foedae voluptati honesta illa voluptas est, qua quis potitur, cum de illecebris carnis blandimentisque triumphaverit. Et illae

rer, die — wie wir lesen — auch unter schrecklichsten körperlichen Qualen noch in ihrem Geiste jubeln konnten und Folter, Kreuzigungen, Verbrennungen, Verstümmelungen und die Angriffe wilder Tiere heiter und mit Freuden ertragen haben? Doch damit nun genug vom Tod, dessen Vorstellung für die Menschen gewöhnlich der größte Schrecken ist.

Wenn man nämlich das, was wir gesagt haben, betrachtet und durchdenkt, kann man auch alles andere, was uns Schmerzen zu bereiten scheint, leicht aufdecken: daß nämlich die Übel und Schmerzen, die uns um ihrer selbst willen eine solche Last sind, zum größten Teil der Vorstellung, nicht aber der Ratio zugeschrieben werden müssen. So wird man den Verlust seines Erbes, Demütigungen, Schläge gleichen Mutes ertragen, wenn die Ratio uns zeigt, daß allein die Meinung, die der Vorstellung folgt, uns den Schmerz zufügt. Das meint auch Epictet in seinem *Handbüchlein*[54], wenn er mahnt, daß nicht der, der uns beleidigt oder schlägt, uns verletzt, sondern daß unsere Meinung uns eigentlich verletzt und sie allein die Menschen belästigt. Weiter müssen wir auf diese Weise auch alles Vergangene reflektieren, dessen Erinnerung uns bedrückt, so daß wir uns von der Vorstellung lossagen und auf die Ratio hören. Denn von der Vorstellung stammen uns die größten Beschwerden, wenn wir ein Geschehen bejammern und beklagen, das nicht mehr ungeschehen gemacht werden kann. Von dieser für die meisten Menschen beinahe ständig gegebenen Qual befreit uns die Ratio, so daß wir, was notwendig ist — sei es, weil das Ereignis bereits abgeschlossen ist oder weil es sich mit Notwendigkeit ereignen dürfte — mit Fassung tragen. Denn über das, was nicht anders sein kann als es ist, kann man ja weder raten noch sich raten lassen.

Wir haben über den Schmerz gesprochen. Über die Lust werden wir in der gleichen Weise sprechen, denn ihr Heer werden wir mit den Truppen der Ratio einkreisen und in die Flucht schlagen, nicht anders als wir den Machenschaften des Schmerzes und den Angriffen des Zornes widerstanden haben. Zunächst einmal müssen wir uns also, wie Epictet lehrt[55], einen bestimmten Zeitraum verschaffen, um uns in ihm gleichsam einzuzäunen und abzugrenzen. Dann müssen wir bedenken, welche Lust wir uns erwerben wollen und welche Reue wir empfinden werden, wenn wir sie erworben haben. Denn wie Aristoteles, der Dolmetscher der Natur, im dritten Buch der *Nikomachischen Ethik*[56] erklärt, ist jede Begierde mit Schmerz gemischt, und weit davon entfernt, je gestillt zu werden, wächst sie von Mal zu Mal und schaltet die Ratio, das eigentümliche Gut des Menschen, aus. Dann muß man auch der schimpflichen Lust die ehrenvolle Lust entgegensetzen, die man erwirbt, wenn man über die Verlockungen und Verheißungen des Fleisches triumphiert hat. Erinnern wir uns auch der Regeln, die

54 Vgl. Epictet, *Enchiridium* 5; 20.
55 Vgl. Epictet, *Enchiridium* 34.
56 Vgl. Aristoteles, *Ethica Nicomachea* 119 a 3 ff.

Johannis Pici patrui Regulae ad vincendas voluptates excogitatae nobis ad memoriam revocandae sunt, siquidem in primis considerandum est foedam omnem voluptatem brevem et exiguam, eamque fastidium et anxietatem comitari; jacturam inde maioris boni, hoc est, internae pacis et conscientiae, sequi; vitam somno similem et umbrae instar evanescentem; mortem improvisam pro foribus astare. Ob idque, quam suspectum nobis esse debeat, ob divinae justitiae invariabilem ordinem, quem in vindictam nostra peccata cient, ne nobis paenitentiae tempus concedatur. Poenam item ante oculos ponendam duplicem, quam damni et sensus theologi nuncupant, si a voluptate vincamur, contraque, si eam debellaverimus, aeterna praemia proponenda. Demum quaenam exempla superandarum voluptatum Christus ipse et vivens et moriens quique eum secuti nobis praebuerint, quibus veluti spiritalibus armis a voluptatibus tuti[a] et eis etiam infesti sumus.

Quae omnia quamquam Christiana fides, de qua in progressu operis dicturi sumus, abunde nobis tribuit, tamen et innata ratio nobis suggerit etiam et ministrat, quoties adversa nos imaginatio voluptariis titillat, sed et cum tristibus afficit—nam quamquam de dolore superius disseruimus, de ira etiam non nihil afferamus, cuius vehementiam et immanem impetum saepius quam volumus et quidem moleste experimur. Suggerit imaginatio aut inferendam aut reponendam injuriam, totumque sanguinem et praecordia in vindictam clamore ingenti quasi classico cit; opponit se ratio eo usque impetrans indutias, quoad dum jure, an injuria, id quod queritur factum sit percunctetur atque dijudicet. Itur in examen, sciscitatur ratio atque ita inter percunctandum definit, aut jure factum id quod conquereris, aut injuria. Si jure, diligendus tibi ille est qui fecit, non odio persequendus. Habendae illi atque agendae gratiae, quia in te beneficium contulit, non maleficium molitus est. Si injuria, rogandum iterum restat, si ignorantia videlicet id fecit, aut malitia. Si primum des, condonanda faciliter venia ob inscitiam delinquenti. Si secundum, non adeo illi succensendum, quia sibi ipsi in primis damna intulit, quippe cum, praeter divini judicii quae illum manet vindictam, se ipsum etiam statim poena affecerit. Jussisti namque, Augustinus[b]

[a] uti V.
[b] Augustus V.

mein Onkel Giovanni Pico zur Überwindung der Lüste aufgestellt hat[57], daß man nämlich vor allen Dingen bedenken muß, daß jede schlechte Lust kurz und gering ist und Ekel- und Angstgefühle sie begleiten; dann daß der Verlust eines größeren Gutes, d.h. des inneren Friedens und des guten Gewisssens ihr folgt; daß das Leben einem Traum ähnlich ist, flüchtig wie ein Schatten; daß der Tod unversehens an unsere Tür klopft. Wie sehr müßte uns daher — angesichts der unerschütterlichen Ordnung göttlicher Gerechtigkeit, die unsere Sünden zur Strafe herausfordern — die Tatsache zu denken geben, daß uns zur Reue keine Zeit bleibt. Halten wir uns auch jene doppelte Bestrafung vor Augen, die die Theologen als Strafe der Gottesferne und als Strafe der Sinne[58] bezeichnen, die eintritt, wenn wir uns der Lust unterwerfen; und umgekehrt sollten wir uns den ewigen Lohn vor Augen stellen, wenn wir die Lust besiegen. Welche Beispiele schließlich für die Überwindung der Lüste haben uns Christus und die ihm nachfolgten im Leben und Sterben gegeben, mit denen wir, als geistlichen Waffen, vor den Lüsten sicher sind, ja ihnen sogar gefährlich werden.

Obwohl uns dies alles in überreichem Maße der christliche Glaube vermittelt, über den wir im Verlauf dieses Buches noch sprechen werden, so hilft und unterstützt uns doch auch die eingeborene Ratio, sooft uns die feindliche Vorstellung mit lustvollen Bildern erregt, aber auch, wenn sie uns mit traurigen beschwert — denn obwohl wir über den Schmerz oben gesprochen haben, wollen wir nun noch etwas über den Zorn sagen, dessen heftigem und übermächtigem Ansturm wir öfter als es uns recht sein kann in beschwerlichem Maße ausgesetzt sind. Die Vorstellung redet uns ein, daß irgendein Unrecht begangen oder bekämpft werden müsse, wodurch unser Blut und unser ganzes Innere wie durch einen Fanfarenklang zur Rache aufgepeitscht wird. Die Ratio stellt sich dem entgegen, um eine Atempause zu erreichen, in der sie untersuchen und entscheiden kann, ob das, was man beklagt, zu Recht oder zu Unrecht geschehen sei. Man tritt in die Untersuchung ein, die Ratio befragt und bestimmt so im Prozeß des Ausforschens, ob zu Recht geschehen ist, worüber man sich beklagt, oder zu Unrecht. Ist es zu Recht geschehen, so muß man den, der es getan hat, lieben und nicht hassen; man muß ihm mit Worten und Taten danken, denn er hat uns eine Wohltat erwiesen und keinen Schaden zugefügt. Ist es aber zu Unrecht geschehen, so ist zu fragen, ob es aus Unwissenheit oder mit böser Absicht begangen wurde. Nimmt man das erste an, so kann man dem Täter eben wegen seiner Unwissenheit leicht verzeihen. Nimmt man das zweite an, muß man ihm dennoch nicht so sehr zürnen, da er ja vor allem sich selbst geschadet hat, denn außer der Strafe des göttlichen Gerichtes, die ihn erwartet, hat er sich auch unmittelbar selbst bestraft. »Du hast bestimmt«, sagt Augustinus, zu Gott gewandt, »und so

57 Giovanni Pico della Mirandola, *Ad Christianae vitae institutionem regulae*, in: *Opera omnia*, Basel 1572, Reprint Turin 1973, Bd. I, f. 332 ff.
58 Vgl. Thomas von Aquin, *Summa theologica* p. II (prima pars) q. 87, art. 4 resp.

inquit ad Deum loquens, et ita est, ut omnis inordinatus animus sit poena sibi. Quam ob rem ad miserandum compatiendumque, potius quam ad inferenda mala, invitari debemus, siquidem cum eiusdem nobiscum naturae noster sit hostis, cumque ab ipso naturae ortu insculptum geramus, ut similes diligamus. Ex eius malo dolendi potius nobis quam laetandi seges subministratur, tantum abest ut appetentes inferendi damni simus, quo postea laetemur. Qui enim aut inferre aut referre injuriam quaerit, nihil ob aliud id quaerit, nisi ut propterea laetetur et gaudeat.

Definivit enim Aristoteles iram, cui philosophi theologique consensere, vindictae appetitum. Nihil autem appetitur nisi propter bonum, ut adepto eo laetitia exoriatur. Sed et hac ipsa ratione deponi ira nec difficulter potest, si consideraverimus de falsa imaginatione provenire, ut putemus ipsam hostis nostri naturam nobis injuriari. At non ipsa natura est proprie, non voluntas, sed naturae ipsius voluntatisque malitia; a debito namque et praestituto sibi ordine deficit atque pervertitur. Perversio autem illa atque defectus aut nihil est, si eorum sententiam sectamur qui malum nihil prorsus asseverant, aut si aliquid est, certe accidens est, non substantia. Totam ergo hominis substantiam, quae bona est, quae amabilis, aut pro nihilo, aut pro accidente solo, odisse, hominis est qui ratione careat. At si caret ratione, jam homo non est, sed brutum potius, quod huc et illuc pro imaginationis imperio trahatur. Oportet enim, quod et ab Aristotele decretum est, concupiscentiam omnem non secus audire rationi ac puerum paedagogi monitis obtemperare.

Quare cavendum nobis enixe eis quas[a] supra diximus rationibus, ne rationalem partem imaginatio corripiat, neve fulgorem eius caligo sensus obnubilet, ne mancipium dominetur; si enim servus regnum occupaverit, necesse est ut aut dominus serviat, aut exsulet, aut occumbat. Sed illud totis viribus conandum, ut pervigil ratio prae mentis foribus astet assidue, abigatque ea quae parere sibi recusent phantasmata, et si vim fecerint, optimis armata cogitatibus debellet. Ut et in hac quoque parte Evangelicum illud impleatur in nobis: Cum fortis armatus custodit atrium suum, in pace sunt omnia quae possidet.

---

[a] quae V.

ist es, daß jede ungeordnete Seele sich selbst Strafe ist.«[59] Daher müßten wir uns eher zu Mitgefühl und Mitleid bewegen lassen als dazu, ihm Böses zuzufügen, denn schließlich hat unser Feind die gleiche Natur wie wir und ist uns von Anfang an von Natur aus eingeprägt, die zu lieben, die uns ähnlich sind. Aus seinem Unheil erwächst uns eher Schmerz als Freude. So weit sind wir entfernt davon, danach zu streben, ihn in ein Verderben zu stürzen, über das wir uns nachher freuen könnten. Denn wer ein Unrecht begehen oder vergelten will, will dies aus keinem anderen Grunde, als um sich daran zu freuen und zu ergötzen.

Aristoteles, dem die Philosophen und Theologen hierin beipflichten, definiert den Zorn als Streben nach Rache.[60] Man erstrebt aber nichts, außer um des Guten willen, das, wenn es erreicht ist, Freude bereiten soll. Aber auch nach dieser Überlegung ist es nicht schwer, den Zorn abzulegen, wenn wir uns darüber klar geworden sind, daß die Meinung, die Natur unseres Feindes tue uns Unrecht, aus einer falschen Vorstellung entspringt. Aber es ist nicht eigentlich seine Natur und sein Wille, sondern die Verderbtheit seiner Natur und seines Willens. Er ist nämlich von der ihm auferlegten und vorgeschriebenen Ordnung abgewichen und pervertiert. Jene Perversion aber und Abweichung ist entweder nichts, wenn wir der Meinung jener folgen, die behaupten, das Böse sei überhaupt nichts, oder, wenn sie etwas ist, so ist sie sicher etwas Akzidentelles und nicht eine Substanz. Die ganze Substanz eines Menschen nun, die gut ist, die liebenswert ist, entweder um nichts oder um eines Akzidens willen zu hassen, das kann nur ein Mensch, der keine Ratio hat. Wenn er aber keine Ratio hat, ist er schon kein Mensch mehr, sondern eher ein Tier, das unter der Herrschaft der Vorstellung hierhin und dahin getrieben wird. Alle Begierde nämlich muß, wie Aristoteles erklärt hat[61], der Ratio nicht anders gehorchen als der Schüler den Ermahnungen des Lehrers zu folgen hat.

Aus all diesen Gründen sollten wir sehr gewissenhaft darauf achten, daß die Vorstellung nicht den rationalen Teil unserer Seele besetzt noch seinen Glanz die Schatten der Sinne verdunkeln, kurz, daß die Knechte nicht Herren werden. Wenn der Knecht nämlich die Herrschaft an sich reißt, muß der Herr entweder zum Knecht werden oder in die Verbannung gehen oder sterben. Darum aber müssen wir uns mit allen Kräften bemühen, daß die immer wache Ratio ständig vor den Toren des Geistes Wache hält, daß sie jene Vorstellungen, die ihr den Gehorsam verweigern, davonjagt und sie, falls sie zudringlich werden, mit den vorzüglichen Argumenten bekämpft, mit denen sie gerüstet ist. Auf daß auch in diesem Bereich das Wort des Evangeliums an uns erfüllt werde: »Wo ein tapferer Mann in Waffen sein Haus bewacht, da sind alle seine Besitztümer in Friede.«[62]

---

59 Augustinus, *Confessiones* (ed. P. de Labriolle, Paris 1961) I, 12, 19.
60 Vgl. Aristoteles, *De anima* 403 a 30 f.
61 Vgl. Aristoteles, *Ethica Nicomachea* 1119 b 14.
62 Vgl. Lukas 11, 21.

[XI]

Eisdem Imaginationis Malis quae a nostro pendent Arbitrio Speculatione Intellectus optime ferri auxilium, et quo modo id fieri commode potest, edocetur. Caput XI.

Verum enimvero quanto altius ratione conscenderimus, tanto et potentius et securius phantasiae dominabimur, elevabimur enim a corporeis magis. Unde animae periculum imminet semper, ne proprium ipsius opus praepediatur, neve contagiis eorum inquinetur; siquidem maius imaginationi commercium cum ratione quam cum intellectu, omnium animae virium puriore superioreque. Ad quem cum sese reduxerit anima, veluti in propria regia tutissima etiam arce circumsepta quiescit atque perficitur. Etenim tota eius perfectio, quod et Priscianus Lydus in Theophrasti Commentationes definit, in perspicua ad se ipsam reversione, et ad intellectum conversione consistit, contraque in inclinatione ad corpora intellectus casum contingere arbitratur.

Et certe decipi ratio facilius potest atque ab imaginatione ludificari impensius quam intellectus, illius enim opus discurrere recurrereque per rerum imagines ut veri notitiam investiget, huius vero simplices rerum notas intueri. Illius usus hominis proprius est, huius autem usu quamquam homines pollent, magis tamen angelorum peculiaris, tanto ratiocinatione perfectior, quanto similior evadit Deo, qui non per discursum, non per plures easque simplices rerum notas speciesve (uti spiritus inferioris ordinis), non per unicam tantum (ut supremi), sed per propriam eamque simplicissimam essentiam, non modo res ipsas intellegit, quia sunt, sed quia intellegit, et fiunt et permanent. Quo fit ut qui huic intellegendi modo propior est, eo sit a casu atque errore distantior.

Cum autem rationis opus uti sensitivarum virium officiis praestat, ita intellectus munere inferius sit, utpote quae inter phantasiae et intellectus munia collocetur, evenit interdum ut fallatur ipsa ratio, non tam ob rerum proprietates voraginibus materiae demersas, quam ob affinitatem quam cum imaginaria potestate ab ipso naturae ortu contraxit. Imperfectum enim

XI

Es wird gezeigt, daß gegen die Fehler der Vorstellung, die von unserem Willen
abhängen, durch die Betrachtungen des Intellekts am besten Abhilfe geschaffen
werden kann und wie dies am leichtesten geschehen kann

Je höher wir nun aber mit Hilfe der Ratio aufsteigen, umso mächtiger und sicherer werden wir die Phantasie beherrschen, denn wir werden uns immer mehr über das Körperliche erheben. Daher ist die Seele ständig in Gefahr an dem ihr eigenen Werk gehindert und durch Vermischung mit Körperlichem verunreinigt zu werden, zumal zwischen Vorstellung und Ratio ein viel engerer Umgang besteht als zwischen Vorstellung und Intellekt, der reinsten und höchsten aller Kräfte der Seele. Zieht sich die Seele auf ihn als in ihren eigentlichen sichersten Palast und ihre bewehrte Festung zurück, so gelangt sie zur Ruhe und Vollkommenheit. Denn ihre ganze Vollkommenheit besteht — wie auch Priscianus Lydus in seinem Theophrast-Kommentar definiert[63] — im reinen Rückzug auf sich selbst und im Einswerden mit dem Intellekt. Während er umgekehrt meint, daß in der Hinwendung der Seele zum Körperlichen der Untergang des Intellekts besteht.

Und sicherlich kann die Ratio leichter getäuscht und von der Vorstellung nachhaltiger zum Narren gehalten werden als der Intellekt, denn ihr Werk besteht darin, die Bilder der Dinge hin und her zu durchlaufen, um die Erkenntnis des Wahren zu erlangen, sein Werk aber darin, die einfachen Zeichen der Dinge zu schauen. Der Gebrauch der Ratio ist dem Menschen eigen, der Gebrauch des Intellekts aber ist, obwohl die Menschen in ihm viel vermögen, dennoch den Engeln eigentümlich. Er ist um so vollkommener als der Gebrauch der Ratio, je ähnlicher er Gott wird, der nicht diskursiv, nicht durch mehrere und einfache Zeichen und Bilder der Dinge — wie die niederen Geister — und nicht durch ein einziges Bild — wie die höchsten Geister — erkennt, sondern durch sein eigenes und schlechthin einfachstes Wesen nicht nur die Dinge selbst schaut, weil sie sind, sondern weil er sie schaut, werden und bestehen sie. Daher kommt es, daß, wer dieser Weise des Schauens näher ist, auch umso weiter von Zufall und Irrtum entfernt ist.

Da aber das Werk der Ratio, wie es den Aufgaben der sinnlichen Fähigkeiten überlegen ist, so den Pflichten des Intellekts unterlegen ist, denn sie hat ihren Platz ja zwischen den Bereichen der Phantasie und des Intellekts, geschieht es manchmal, daß die Ratio selbst sich irrt, nicht so sehr, weil die Eigentümlichkeit der Dinge im Strudel der Materie versunken sind, sondern vielmehr wegen der Verwandtschaft mit der Vorstellungskraft, die die Ratio von ihrem natürlichen Ursprung her hat. Denn das Licht der Ratio ist im Menschen, der ja auf der un

---

63 Vgl. Priscianus Lydus, *Metaphrasis in Theophrasti libros de sensu et de phantasia,* ed. F. Wimmer, in: Theophrasti Eresii *Opera,* Leipzig 1862, bes. III, 270.

atque imbecille in hominibus rationis lumen, ut qui infimi sint in numero intellegentium; contraque perfectior in eis fortiorque quam in ceteris animantibus imaginatio, quae continue species sensibus haustas illis suggerit, atque omnibus eorum actionibus assistit[a] comes et assecla individuus, adeoque in obeundis negotiis omnibus consors, ut sine ea nihil omnino fieri, nihil agi posse videatur. Ob idque saepenumero accidit ut eius opus a rationis intellectusque opere nonnulli discernere nescierint. Hominem novi ex affecta imaginatione adeo vacillantem, adeo nutabundum, ut de maximo illo supremoque profato, quod primum principium apud recentiores philosophos vocatur, subdubitare sibi videretur: quod de re videlicet eadem affirmatio et negatio simul verificari non possit. Quas ob res colligere possumus quod inter capitis huius initia proposuimus: eo nos securius potentiusque phantasiae dominari, quo ab ipsa magis recedemus, atque non solum in ratione, quod hominis proprium est, nos ponemus videlicet, sed in intellectu, cuius opere cum beatis angelis, hoc est, purissimis illis mentibus Deo jugiter servientibus similes, quantum per carnis licet infirmitatem, evademus.

Duo autem nobis observanda in primis, si voti compotes fieri volumus, primum ut ex altissima illa mentis specula contemplantes dinoscere queamus,[b] quinam sint et quales affectus nostri quorum impetu ducimur ad agendum. Affectus autem Alcinoo philosopho, ex Platonis dogmate referente, nihil aliud est quam motus animae sine ratione, boni cuiusdam aut mali gratia. Cognoscuntur autem, ut Platonicus Synesius docet, ex imaginationibus, quas praecipue promit homo, et in quibus se versat, quando a nullo pulsatur extrinsecus. Si bonis igitur imaginationibus, quae bonos affectus pariant, pulsari nos deprehendemus, restat ut eos sequamur, rationeque et intellectu et extrinseco etiam opere juvemus; si malis, aliud nobis se offert remedium, ut in sublimi illa intellectus specula positi phantasiam jugiter observemus, temerariosque illius impetus anticipemus. Enitendum enim a principio, Epictetus docet, ne nos imaginatio corripiat, tumque nostri compotes fore asseverat,

---

[a] absistit V.

[b] quaeramus VS; in S korrigiert von Pico in der Liste der *Errata.*

tersten Stufe aller intelligenten Wesen steht, nur schwach und unvollkommen, wie umgekehrt die Vorstellung bei ihm vollkommener und stärker ist als bei den anderen Lebewesen. Diese versorgt die Ratio ununterbrochen mit den aus den Sinnen geschöpften Bildern und steht ihr als ständiger und untrennbarer Begleiter bei allen ihren Handlungen bei; und so sehr ist sie bei allen Aufgaben und Geschäften beteiligt, daß es scheint, als könne ohne sie überhaupt nichts geschehen, überhaupt nichts getan werden. Daher geschieht es auch häufig, daß manche das Werk der Vorstellung nicht von dem der Ratio und des Intellekts zu unterscheiden wissen. Ich kenne keinen Menschen, den seine kranke Vorstellung derartig labilisiert und verunsichert hatte, daß er sogar an jener wichtigsten und höchsten Maxime zu zweifeln schien, die von den neueren Philosophen erstes Prinzip genannt wird: nämlich daß von ein und derselben Sache nicht zur gleichen Zeit eine affirmative und eine negierende Aussage verifiziert werden kann. Wir können daraus schließen, was wir zu Beginn dieses Kapitels behauptet haben: daß wir unsere Phantasie umso sicherer und mächtiger beherrschen, je weiter wir uns von ihr entfernen und nicht bei der Ratio, die dem Menschen zu eigen ist, stehen bleiben, sondern zum Intellekt fortschreiten, mit dessen Hilfe wir den Engeln, d.h. jenen reinsten Geistern, die Gott beständig dienen, ähnlich werden, soweit es die Schwäche unseres Fleisches zuläßt.

Zwei Dinge aber müssen wir vor allem beachten, wenn wir diesen Wunsch erfüllt sehen möchten: Erstens, daß wir von diesem höchsten Turm des Geistes herabschauend, unterscheiden können, welche und welcher Art unsere Leidenschaften sind, die uns zum Handeln antreiben. Leidenschaften aber sind, wie der Philosoph Alcinous aus der Lehre Platons berichtet[64], nichts anderes als Bewegungen der Seele ohne Ratio, die auf etwas Gutes oder etwas Schlechtes zielen. Sie werden aber, wie der Platoniker Synesius lehrt[65], aufgrund der Vorstellungen erkannt, die ein Mensch vor allem hervorbringt und mit denen er sich beschäftigt, wenn er von nichts Äußerem berührt wird. Wenn wir uns also dabei ertappen, daß wir von guten Vorstellungen, die gute Leidenschaften hervorbringen, bewegt werden, bleibt uns nur, ihnen zu folgen und sie mit der Ratio und dem Intellekt und auch mit Hilfe von Außen zu unterstützen. Wenn aber von schlechten Vorstellungen, bietet sich uns ein anderes Mittel an, nämlich von jenem höchsten Turm des Intellekts aus die Phantasie ständig zu beobachten und ihrem blinden Ansturm zuvorzukommen. Wie Epictet lehrt[66], müssen wir uns nämlich von Anfang an bemühen, daß die Vorstellung uns nicht mit sich reißt, und er versichert, daß wir unserer selbst mächtig sein werden, wenn wir sie eine

64 Vgl. Alcinous, *De doctrina Platonis*, Oxford 1667, 31.
65 Vgl. Synesius, *De insomniis* 6, ed. Migne, P.G. 66.
66 Vgl. Epictet, *Enchiridium* 20.

cum per aliquod eam tempus continuerimus. Id autem fiet si ad bonum quodpiam objectum mentis aciem dirigemus. Quae autem illa sint objecta, quoniam in libris nostris De Morte C'.risti et Propria Cogitanda superioribus annis pro virili explicavimus, non est cur aliud in praesentia disseramus.

[XII]

Qua Ratione eis Phantasiae Malis, quae de Pravorum Angelorum ministerio prodeunt, providendum, quoque pacto omnibus simul Imaginationis Tenebris et Morbis solo Christianae Fidei Lumine et Unica Orationis Ope consulendum. Caput XII et ultimum.

Restat ut afferamus remedia quibus sauciam ob malorum spirituum vulnera imaginationem curemus. Ea autem quamquam multa sunt, sub unico tamen Christianae fidei lumine continentur, per quod et revelatas in sacris litteris et patefactas etiam veri Dei cultoribus praeter scripturae canonem divinas veritates agnoscimus, eiusque fulgore vivifico mortiferas imaginationum tenebras pellimus. Illud enim beneficentissimus luminum parens, Deus, quasi ducem ad nos demisit, ut et praeparata in caelis praemia, quae, ut Esaias docet, absque eo videre non possumus, commode cerneremus, et vitam hanc qua vivimus a suggestionibus fallacis daemonis tueremur. Non solum hoc ipso lumine imaginationis morbis, sed et rationis infirmitati et intellectus imbecillitati consulturus.

Siquidem duplex humani intellectus incommodum—alterum quidem ab imaginatione, de quo jam diximus, alterum ex debilitate congenita, utpote qui sicuti in genere intellegibilium ultimus, ita et imbecillior sit; quapropter superiore fortioreque lumine indiguit ut roboraretur. Fortissimum enim fidei lumen, omnique humano robore praestantius, ut rationes mittam: quod gratia naturam perficit; quod naturae donis Dei praestant dona, quae ipse per sese, non autem intercedente natura, largitur; quod infinita paene hominum millia pro Christi nomine, duce hoc lumine quo aeterna videntur, occisa sunt, qui non solum non vexati maximo animi gaudio degebant, sed et inter ipsos cru-

Zeit lang gezügelt haben. Dies aber geschieht, wenn wir das Auge des Geistes auf ein gutes Objekt richten. Da wir aber, welche jene Objekte sind, in unseren Büchern *Gedanken über den Tod Christi und unseren eigenen Tod*[67] vor Jahren schon nach Kräften dargelegt haben, gibt es keinen Grund, hier noch weiteres darüber zu sagen.

XII

Auf welche Weise man sich gegen die Fehler der Phantasie, die aus den Geschäften der bösen Engel hervorgehen, vorsehen muß, und wie gegen alle Verfinsterungen und Krankheiten der Vorstellung zugleich durch das eine Licht des christlichen Glaubens und allein mit Hilfe des Gebetes Abhilfe geschaffen werden kann

Wir müssen nun noch die Mittel nennen, mit denen wir die von bösen Geistern verwundete und verletzte Vorstellung heilen können. Obwohl es viele solcher Heilmittel gibt, sind sie doch in dem einen Licht des christlichen Glaubens alle enthalten; dieses Licht läßt uns sowohl die in der Heiligen Schrift offenbarten als auch die durch die Diener des wahren Gottes über die Schriften der Bibel hinaus eröffneten göttlichen Wahrheiten erkennen, und durch seinen belebenden Strahl vertreiben wir die tödliche Finsternis der Vorstellungen. Dieses Licht nämlich wurde uns von Gott selbst, dem wohltätigen Schöpfer allen Lichtes, gleichsam als Führer gesandt, damit wir die im Himmel für uns vorgesehenen Belohnungen, die wir Jesaia zufolge[68] ohne dieses Licht nicht sehen könnten, leicht wahrnehmen und dieses unser Leben vor den Einflüsterungen der trügerischen Dämonen schützen können. Mit diesem Licht wollte uns Gott nicht nur in allen Krankheiten der Vorstellung, sondern auch in der Schwachheit unserer Ratio und der Blindheit unseres Intellekts beistehen.

Denn die Unvollkommenheit unseres Intellekts ist zweifach: die eine, von der wir schon gesprochen haben, stammt aus der Vorstellung, die andere aus der angeborenen Blindheit; denn im selben Maße, wie er der letzte aus der Reihe der Intelligenzen ist, ist auch seine Sehkraft geringer. Daher bedarf er eines höheren und stärkeren Lichtes, um gekräftigt zu werden. Das Licht des Glaubens nun besitzt die größte Stärke und ist jeder menschlichen Kraft überlegen, denn — um nicht ausführlicher zu argumentieren — die Gnade vervollkommnet die Natur, die Gaben Gottes, die er uns selbst, ohne Vermittlung der Natur, schenkt, übertreffen die Gaben der Natur, tausend und abertausend Menschen haben von diesem Licht geführt, das die Ewigkeit schauen läßt, für Christi Namen den Tod erlitten, und nicht nur ohne Beschwerden in großer Freude des Herzens gelebt,

---

67 Vgl. Anm. 40.
68 Vgl. Jesaia 9, 3.

ciatus positi, exsultationibus et jubilis, dum torquebantur magis, magis animi sui felicitatem indicabant. Uti ergo debemus hoc lumine adversus imaginationis vitia, non solum ob id quod fortius, quod praestantius naturali, quod ad ea pertingat monstranda nobis, ad quae nativum lumen per sese non admittatur, verum etiam quia eo multa revelata sunt nobis, in quibus meditandis non solum et ratio et intellectus perficitur, sed et phantasia ipsa non minus delectabiliter quam salubriter occupatur.

Duplex enim imaginatio, velut significantius dixerim, duplex in homine imaginationis gradus: humanus videlicet et brutalis. Nam ad pleraque humana se extendit imaginatio ad quae brutalis non pervadit; neque enim ad ornatum, ad ambitionem, ad honores proprie commeat, tametsi animalia quaepiam huiusce modi delectari videntur, ut equus faleris et tubarum sonitu, blanditiis canes. Hac pueri potissimum ducuntur; illa etiam grandaevi. Lumen autem fidei, divinae scripturae veritates naturae lumini impervias perspectas faciens, utrique imaginationi maximo usui est, adminiculaturque et manuducit quasique supra naturam suam rapit et elevat. Proponit enim pueris, qui imaginatione ea plurimum vivunt quam brutalem diximus (ut historias et bella mittamus, quibus remorari simul et delectari possunt) inferorum poenas et incendia, paradisi praemia atque delicias, et haec omnia modo quodam imaginativae potestati congruentissimo, ut quae facile concipiantur nec difficulter retineantur. Hinc enim offert lacus ignis et sulfuris, tortores, daemonas, et cetera eius modi; inde aurea supernae Hierosolymae moenia pretiosis lapidibus redimita, caelestes mensas, Agni nuptias, beatorum consortia, psallentes angelorum choros concinnas voces, et quaecumque id genus per sacros codices sparsa. Quo fit ut pueri his delectentur, illis vero tristentur et terreantur, utrisque vero, veluti rebus maximis, et moneantur simul et a pravis imaginibus abducantur, quod plurimum habet momentum in pueris ad veram religionem medullitus imbibendam; idque Johannes Gerson memoriae prodidit, in exemplum revocans pios quosdam parentes qui poma infantibus de tecto mittebant, ut in Deum, in quem acceptum referri[a] debere munus praedicabant,

---

[a] referre S.

sondern haben auch in allen Folterqualen, und je mehr sie gefoltert wurden, umso eindringlicher, das Glück der Seele mit Jubel und Freude zum Ausdruck gebracht. Folglich bedürfen wir dieses Lichtes nicht nur deshalb in unserem
Kampf gegen die Fehler der Vorstellung, weil es stärker und besser ist als das na-
türliche Licht und weil es imstande ist, uns Dinge zu zeigen, an die das angeborene Licht nicht heranreicht, sondern auch, weil es uns vieles offenbart hat, durch
dessen Betrachtung gleichermaßen die Ratio und der Intellekt zur Vollkommenheit geführt werden und die Phantasie in ebenso erfreulicher wie heilsamer Weise beschäftigt wird.

Denn im Menschen gibt es eine zweifache, oder, um es genauer zu sagen, zwei
Stufen der Vorstellung, eine menschliche und eine tierische. Die menschliche
Vorstellung erstreckt sich nämlich auf vieles, das der tierischen unerreichbar ist.
So erstreckt diese sich nicht eigentlich auf Schmuck, Ehrgeiz und Ehre, auch
wenn es so scheint, als würden sich manche Tiere über derartige Dinge freuen,
wie z.B. ein Pferd über den Klang seines Geschirrs und der Trompeten, oder ein
Hund über ein lobendes Wort. Von der tierischen Art der Vorstellung lassen
sich die Kinder vor allem leiten, von der menschlichen die Alten. Das Licht des
Glaubens aber, das uns die dem natürlichen Licht unzugänglichen Wahrheiten
der Heiligen Schrift erschließt, ist für beide Arten der Vorstellung von größtem
Nutzen: es stützt und leitet sie und reißt und erhebt sie gleichsam über ihre Natur. So führt es den Kindern, die meist nach jener Art der Vorstellung leben, die
wir die tierische nennen (um die geschichtlichen Erzählungen und Kriege, bei
denen sie zugleich verweilen und sich erfreuen können, beiseite zu lassen) z.B.
die Strafen und das Feuer der Hölle, sowie die Belohnungen und Freuden des Pa-
radieses vor Augen, und dies alles in einer der Vorstellungskraft angemessenen
Weise, so daß es leicht erfaßt und ohne Mühe behalten wird. Auf der einen Seite
nämlich breitet es vor ihnen die Feuer- und Schwefelseen der Hölle, die Martern
und Teufel und was es sonst noch der Art gibt, aus, auf der anderen Seite die goldenen, mit Edelsteinen verzierten Mauern des himmlischen Jerusalem, die
himmlischen Mahlzeiten, die Hochzeit des Lammes, die Gemeinschaft der Seligen, die Engelschöre, die wohlklingende Lieder singen, und anderes Derartiges,
das in den Heiligen Schriften zu finden ist. Und so geschieht es, daß die Kinder
sich an diesem erfreuen, über jenes aber mit Trauer und Schrecken erfüllt werden, durch beides aber, wegen seiner großen Bedeutung, gleichzeitig ermahnt
und von schlechten Vorstellungen abgebracht werden, was höchst wichtig ist,
wenn die Kinder die wahre Religion tief in sich einsaugen können sollen. Dies
berichtet auch Johannes Gerson, der als Beispiel fromme Eltern anführt, die ihren Kindern Früchte vom Dach herunterwarfen, um diese schon, wie man sagt,

pietate debita a teneris, quod aiunt, unguiculis animarent. Expertus et ego in Johanne Thoma filio eiusce modi res identidem ei a vidua quapiam narratas fuisse in causa ut non solum a plerisque imaginationibus vanis, quas septennis aetas qua nunc vivit plurimum ferre solet, ex proposito abstinuerit, sed et multa quae etiam maturae aetati convenire posse videntur renuerit, spe magna fretus scandendi caelum ad illas res contemplandas quas imaginatione concepit. Eius modi namque imaginibus moventur impensius pueri quam persuasionibus ullis aut rationibus, quarum minime capaces sunt. Quis enim ambigat pueros ab patrando homicidio abhorrere vehementius, si in eorum phantasiam irrepserit effigies hominis cruentati crudeliterque perfossi dilaniatique, si metus invaserit apparendi eius, atque se, vel nocte, vel interdiu, cum solus erit, persequendi, quam si Dei naturaeque praeceptum proponatur, nocendum nemini, quam si id ingeratur, quod divina lege cautum est, ne quis auctoritate propria quemquam trucidet?

Contraque quis neget, per ea quae narravimus similiaque eis proposita gaudia, ad bene agendum animari illos quodam modo et impelli magis quam philosophorum rationibus et theologorum adhortamentis? Qui vero florente juventa sunt, quia brutales imaginationes nondum ex toto exuerunt, tum enim (quod maxime saeculorum fert abusus) tactus et gustus voluptates quaerunt, quae ferinae brutalesque ab Aristotele in Ethicis appellantur, juvari facile possunt, frenarique in eis atque etiam eliminari voluptuosa phantasmata, si earum rerum quas diximus imagines concipiantur, quae et ipsae ad sensus pertinent. Homines vero aetate provecti atque grandaevi eisdem ipsis etiam juvari possunt, sed et aliis etiam quae magis propria sunt, et quibus ambitioni, avaritiae, et reliquis vitiis quae spiritalia vocantur, specialiter resistatur. Si videlicet commeminerint in desideriis peccatorem semper esse, nec oculum satiari visu, nec aurem auditu; si vanitatum plena omnia, et quod universa vanitas omnis homo vivens; si praeterire figuram mundi huius; si hominibus mori semel statutum; si caelum novum et terram novam; si universale districtumque judicium; et reliquis quae sacra tradunt

von ihren zarten Nägeln an zur gebotenen Frömmigkeit gegenüber Gott zu begeistern, dem sie, wie sie ihnen sagten, das erhaltene Geschenk verdankten. Ich selbst habe an meinem Sohn, Johannes Thomas, beobachtet, wie er durch solche Geschichten, die ihm eine Witwe immer wieder erzählt hatte, dazu gebracht wurde, nicht nur von den meisten eitlen Vorstellungen, die das Alter von sieben Jahren, in dem er jetzt steht, gewöhnlich mit sich bringt, vorsätzlich abzulassen, sondern auch viele Vorstellungen zu verwerfen, die selbst einem reiferen Alter noch zugestanden werden könnten, in der festen Hoffnung, in den Himmel zu kommen und jene Dinge schauen zu können, die er sich in seiner Vorstellung ausgemalt hatte. Solche Bilder nämlich beeinflussen Kinder stärker als sämtliche Überredungskünste und Argumente, die sie noch nicht begreifen können. Denn wer zweifelt daran, daß Kinder stärker davor zurückschrecken, einen Mord zu begehen, wenn sie in ihrer Phantasie das Bild eines blutbeschmierten, brutal erstochenen und zerfleischten Menschen eingeprägt haben und sie die Furcht erfaßt, dieses Bild könne erscheinen und sie des Nachts, oder wenn sie einmal allein sind, verfolgen, als wenn man vor ihnen das Gebot Gottes und der Natur aufrichtet, niemandem zu schaden, oder ihnen einbläut, daß es durch göttliches Gesetz verboten ist, jemanden eigenmächtig zu töten?

Wer bestreitet andererseits, daß man Kinder durch die Schilderung der erwähnten oder ähnlicher Freuden eher zu gutem Handeln anregen und gewissermaßen anstoßen kann als durch die Argumente der Philosophen und die Ermahnungen der Theologen?

Die aber in der Blüte ihrer Jugend stehen, denen kann, da sie die tierischen Vorstellungen noch nicht ganz abgelegt haben (dann nämlich sucht man — was vor allem zum mißbräuchlichen Umgang mit der Lebenszeit führt — die Lust des Geschmacks und der Berührung, die von Aristoteles in der Ethik[69] als tierisch und brutal bezeichnet werden) leicht geholfen werden, und es können in ihnen die lustvollen Phantasievorstellungen gezügelt und sogar ausgelöscht werden, wenn sie sich die Bilder jener Dinge vorstellen, die wir genannt haben und die auch selbst die Sinne ansprechen. Älteren Menschen aber und sogar Alten können eben diese Bilder auch helfen, daneben aber auch andere, die besser zu ihnen passen und mit denen sie besonders dem Ehrgeiz, der Habsucht und den übrigen Lastern, die man Laster des Geistes nennt, widerstehen können. Wenn sie nämlich gegenwärtig halten, daß der Sünder stets begierig ist, daß das Auge nicht durch das Sehen und das Ohr nicht durch das Hören gesättigt wird, daß alles eitel ist[70] und jeder Mensch, solange er lebt, eine einzige und allgemeine Eitelkeit, daß die Schönheit dieser Welt vergeht, daß den Menschen bestimmt ist, nur einmal zu sterben, daß der Himmel neu und die Erde neu sein wird, daß ein allgemeines und strenges Gericht sein wird, und wenn sie an all die anderen Aus-

---

69 Vgl. Aristoteles, *Ethica Nicomachea* 1118 b 3 ff.
70 Ecclesiastes I, 2.

eloquia mentem si adhibuerint, facile ab honorum ambitu et auri cupidine temperabunt.

Quae quisque experiri potest optima esse remedia adversus imaginationes pravas et alas quasdam ad aeterna divinaque contemplanda. Remoto namque sacrorum eloquiorum cortice, sequestratoque imaginationis velo, quod cortici litterae juxta proportionem[a] quadrat, sicuti spiritus ipse sub cortice delitescens depurato phantasmatibus intellectui respondet, sese in animam infert spiritus, eamque ad divinum gustum perducit, quae incohatio est quaedam futurae gloriae quae revelabitur in nobis. Ceterum non solum hoc lumine, quod, sacris inclusum litteris veluti cornea testa circumdatum, in obscura hac et illuni[b] nocte nobis affulget, imaginationis tenebras fugabimus, verum etiam et doctorum simul et sanctorum hominum lucernulis, quas olim summo studio ad huius luminis fulgorem evigilantes et sibi et nobis accenderunt; quibus haerendum, cum ecclesiae consensu comprobatae fuerint. Sed qua nos fide illis astringere debeamus, quotque eorum ordines reperiantur, quive inter eos proponendi, ad praesens verba facturi non sumus, quando materiam hanc in Theorematibus nostris De Fide et Ordine Credendi prosecuti sumus.

Illud autem non omittendum, eosdem nos conceptus procurare nobis oportere, quibus affectos eos fuisse credimus quorum praecepta sectamur, quorum vitam imitandam nobis proposuimus; alioquin picae vel simiae magis quam imitatores homines inveniemur. Id ipsumque Epictetus faciendum monuit, eumque qui in aspera quapiam imaginatione positus sit optime agere, opinatur, si id peragat, quod aut Socratem aut Zenonem, si in id discriminis incidissent, facturos fuisse arbitretur.

Id ego tam in secundis fortunae flatibus, quam in adversis reflatibus observandum censeo, non ad Socratis Zenonisque sed ad sanctissimorum Christianorum imitationem, qui et lubricam appetentiae vim et tumidum irascentiae furorem non continendum modo docuerunt alienae rationis obicibus, verum etiam, utpote eorum injuriam frequentissime experti, propriis viribus frenaverunt. At quia debiles nimium nostrae vires ad ea quae nobis conducere diximus adipiscenda, Dei auxilium desuper implorandum est. Quod cum aderit, omnia rite, cum aberit, perperam

---

[a] proportione VS.
[b] illumi VS.

sagen denken, die die Heiligen Schriften überliefern, so werden sie leicht vom Streben nach Ehren und dem Trachten nach Reichtum ablassen.

Jeder kann an sich selbst erfahren, daß dies die besten Mittel gegen schlechte Vorstellungen und gleichsam Flügel sind, mit denen wir uns zur Betrachtung des Ewigen und Göttlichen erheben. Denn hat man erst einmal die Rinde der Heiligen Schriften entfernt und den Schleier der Vorstellung abgelegt, der sich zur Rinde des Buchstabens so verhält wie der unter der Rinde verborgene Geist zu dem von den Vorstellungen gereinigten Intellekt, dann strömt der Geist in die Seele und läßt uns das Göttliche vorkosten, was ein Beginn des zukünftigen Ruhmes ist, der in uns offenbar werden wird. Wir werden aber nicht nur durch dieses Licht, das, eingeschlossen in die Heiligen Schriften wie in einer Muschelschale, uns in dieser finsteren und mondlosen Nacht leuchtet, der Finsternis der Vorstellung entfliehen, sondern auch durch die Lämpchen der gelehrten und heiligen Menschen, die sie, einst beim Glanze dieses Lichtes wachend, mit großer Mühe für sich und uns entzündet haben. An ihnen müssen wir festhalten, da sie durch die Zustimmung der Kirche gebilligt wurden. Aber in welchem Glauben wir uns ihnen verbinden müssen, wieviel Rangordnungen es zwischen ihnen gibt oder welche von ihnen voranzustellen sind, darüber will ich an dieser Stelle nicht sprechen, da wir diese Fragen in unseren *Betrachtungen über den Glauben und die Glaubensordnung*[71] behandelt haben. Nicht unerwähnt bleiben darf jedoch, daß wir uns eben jene Grundsätze zu eigen machen müssen, von denen, wie wir glauben, diejenigen sich leiten ließen, deren Lehren wir folgen und deren Leben nachzuahmen wir uns vorgenommen haben. Andernfalls werden wir eher als Elstern oder Affen denn als nachahmende Menschen erfunden. Eben dies mahnt uns auch Epictet[72] zu tun, und nach seiner Meinung wird, wer in eine unangenehme Vorstellung versetzt ist, am besten handeln, wenn er das tut, was, wie er glaubt, auch Sokrates oder Zenon getan hätten, wären sie in eben diese Situation geraten. Diesen Rat sollte man nach meiner Meinung beachten, ob man vom Glück begünstigt oder vom Unglück bedrängt wird, allerdings nicht, um Sokrates oder Zenon nachzuahmen, sondern die heiligsten Christen, die uns nicht nur gelehrt haben, die schlüpfrige Macht der Begierde und die aufschäumende Wut des Zorns durch die Schranken fremder Ratio unter Kontrolle zu bringen, sondern sie auch, da sie ihre Verderblichkeit oft genug selbst erfahren hatten, aus eigener Kraft gezügelt haben. Da aber unsere Kräfte allzu schwach sind, um das zu erreichen, was, wie wir gesagt haben, gut für uns wäre, müssen wir darüber hinaus Gottes Hilfe erflehen. Wenn sie uns beisteht, werden wir al-

---

[71] Gianfrancesco Pico della Mirandola, *Theoremata XXV de fide et ordine credendi*, in: *Opera*, a.a.O. (Anm. 40) Bd. I, 1, f. 214 ff.
[72] Vgl. Epictet, *Enchiridium* 33.

omnia gerentur a nobis. Aderit autem semper, si pro eo im-
petrando ad Christum, Deum, hominumque et Dei mediatorem,
preces effuderimus, qui etiam non vocatus saepissime adest, qui
ad nostri cordis hostium assidue pulsat, qui orare oportere nos
docuit, et ad importunitatem usque, sub typo viduae injustum
judicem exorantis, qui denique daturum se pollicitus est quod
quaereremus, suprema omnium causa, summum bonum, creator,
redemptor, pater.

Per hoc igitur orandi studium, praeter id quod impetramus
quod quaerimus, si ad consequendam salutem id faciat, hoc
etiam commodo imaginationem fovemus, quod ipsa etiam per
intellectus elevationem, quantum ei per corpoream suam naturam
licet, in Deum conscendit. Tumque Davidicum illud in nobis
completur: Cor meum et caro mea exsultaverunt in Deum vivum;
et illud item: Sitivit in te anima mea, quam multipliciter tibi et
caro mea; per cor enim anima, per carnem sensualis vis prae-
cipueque imaginaria potestas denotatur. Ex concepto quoque
in intellectu atque voluntate divini amoris ardore, in sensum
calor redundat, qui terrena omni humiditate consumpta caeles-
tem accendit sitim et ad vivum illum fontem perducit, de cuius
aqua qui gustaverit, sicuti ad Samaritanam mulierem dictum
est, non sitiet iterum terrenorum siti, sed fiet in eo fons aquae
salientis in vitam aeternam. Ubi inebriabimur ab ubertate
domus Dei eiusque voluptatis torrente potabimur. Et quidem
si sacras litteras diligenter perlegerimus, si Acta eorum volvemus
virorum, aut qui Christum nondum ex virgine natum vel fide
tantum, vel prophetico etiam lumine, praeviderunt, aut qui
natum passumque, vel sanguinis effusione, vel verbis tantum,
testati sunt, fiet nobis extra omnem controversiam liquidum
nil magis fuisse eis curae quam orandi studium. Sed quid de
summi Dei cultore populo dicimus, quando et gentes ipsae
tam Mosaicae legis umbra quam Evangelii splendore destitutae
vota, hymnos, preces, supplicationes frequentabant, ut Pytha-
gorici, Platonicique, fere omnes ac barbarae etiam nationes—
Indi, Persae, atque Aethiopes? A quibus tanto magis vinci nos
pudeat, quanto et quod orandum nobis est et quid orandum, non
a solo naturae instinctu suapte sponte Deum quaerentis, sed ab
ipso Deo jam invento et cognito sumus edocti. Quod si Plato

les richtig, wenn sie fehlt, alles vergeblich tun. Sie wird uns aber immer beistehen, wenn wir, um sie zu erreichen, unsere Bitten an Christus richten, der Gott
ist und Mittler zwischen Gott und den Menschen, der auch ungerufen uns häufig hilft, der ständig an das Tor unseres Herzens pocht, der uns gelehrt hat, daß
wir beten sollen und — im Gleichnis von der Witwe, die den ungerechten Rich-
ter anfleht[73] — daß wir beten sollen bis zum Überdruß, der schließlich verspro-
chen hat, uns zu geben, worum wir bitten[74], er, der letzte Grund aller Dinge, das
höchste Gut, der Schöpfer, Erlöser und Vater.

Durch diesen Eifer im Gebet erreichen wir nicht nur, was wir erflehen, sofern
es unserem Heile dient, sondern wir fördern durch diesen Vorzug auch unsere
Vorstellung, da mit der Erhöhung des Intellekts auch sie, soweit es ihre körperliche Natur zuläßt, zu Gott emporsteigt. Dann erfüllt sich das Wort Davids in
uns: »Mein Herz und mein Fleisch jauchzen dem lebendigen Gott entgegen«[75],
und ebenso jenes: »Meine Seele dürstet nach dir und mannigfach sehnt sich mein
Fleisch nach dir.«[76] Mit »Herz« ist hier »Seele«, mit »Fleisch« die sinnliche Fähigkeit und vor allem die Fähigkeit der Vorstellung gemeint. Auch strömt aus der
in Intellekt und Willen empfangenen Glut göttlicher Liebe eine Wärme in den
Sinn, die alle irdische Feuchtigkeit aufsaugt, den Durst nach Himmlischem
weckt und zu jener lebendigen Quelle führt, deren Wasser so ist, daß — wie zum
Weib aus Samaria gesagt wurde[77] — wer von ihm getrunken hat, nimmermehr
dürsten wird den Durst nach Irdischem, sondern in ihm eine Quelle Wassers
entspringt, das ins ewige Leben führt. Dort sind wir trunken von der überquel-
lenden Fülle des Hauses Gottes und wir trinken aus dem Fluß seiner Freuden.
Und wenn wir gründlich die Heilige Schrift lesen, wenn wir die Taten jener
Männer nachlesen, die Christus, ehe er noch von der Jungfrau geboren wurde,
allein durch den Glauben oder auch durch das Licht der Prophezeiung vorausge-
sehen haben, oder jener, die seine Geburt und sein Leiden durch das Opfer ihres
Blutes oder auch nur mit Worten bezeugt haben, so wird uns unbestreitbar klar,
daß ihnen allen nichts so sehr am Herzen lag wie der Eifer des Gebetes. Aber
was sprechen wir über ein Volk, das den höchsten Gott selbst verehrt, wenn
schon die Heiden, des Schattens des mosaischen Gesetzes ebenso beraubt wie des
Glanzes des Evangeliums, Gelübde, Hymnen, Bitt- und Dankgebete in Fülle
kannten, wie die Pythagoreer und die Platoniker und fast alle, auch die barbarischen Völker wie Inder, Perser und Äthiopier. Von diesen Völkern darin über-
troffen zu werden, beschämt uns umso mehr, als uns, daß wir beten sollen und
was wir beten sollen, nicht nur durch einen Instinkt der Natur, die von sich aus
Gott sucht, sondern von Gott selbst, den wir gefunden und erkannt haben, ge-

73 Lukas 18, 1—7.
74 Matthäus 7, 7; Lukas 11, 9.
75 *Psalm* 84, 3.
76 *Psalm* 62, 2.
77 Johannes 4, 14.

censuit eum non despici qui conatur ut justus evadat, quod nostrum opprobrium, quae ignominia, clementiam spernere hortantis identidem et adjuvantis nos Dei, per sacramenta permonita, per occultos afflatus.

Sed de his hactenus—satis enim beneque actum imbecillitati nostrae videtur, divina favente clementia, haec ipsa de imaginatione disputavisse, deque ipsius nomine, de essentia, de proprietatibus plurimis, deque eius vitiis potissimum et remediis, quasi per otium quod a publicis impetravimus negotiis disseruisse. Deo laus et gloria sempiterna.

F I N I S

lehrt wurde. Wenn nämlich Platon meinte[78], man dürfe den nicht verachten, der sich bemüht, gerecht zu weren, welchen Schimpf, welche Schande laden wir dann auf uns, wenn wir die Güte Gottes verachten, der uns ermahnt und gleichermaßen hilft durch verordnete Sakramente und heimliche Erleuchtung.

Davon nun aber genug. Denn es scheint uns in unserer Schwäche hinreichend und gut getan, mit Hilfe der göttlichen Güte, diese Untersuchung über die Vorstellung durchgeführt und über ihren Begriff, ihr Wesen, ihre wichtigsten Eigenschaften und vor allem über ihre Fehler und deren Heilmittel sozusagen in der freien Zeit, die wir von unseren öffentlichen Aufgaben abzweigen konnten, geschrieben zu haben.

Gott sei Lob und Ehre in Ewigkeit!

Ende

---

[78] Vgl. Plato, *Res publica* 621.